ダイヤ改正から読み解く鉄道会社の苦悩

鉄道ビジネス研究会

ワニブックス
|PLUS|新書

はじめに

もう乗客は戻らない——日本の鉄道開業150年に迎えた危機

1872年（明治6年）10月14日、新橋駅（現・汐留駅）で、鉄道開業の式典が催された。当日は明治天皇や西郷隆盛や大隈重信、渋沢栄一など政府要人を乗せた蒸気機関車が横浜駅（現・桜木町駅）へ向かい、その後、新橋駅に戻った。

翌10月15日、乗客を乗せた列車は新橋〜横浜間、片道53分かけて9往復した。日本ではじめて旅客列車が走った日である。この間は29kmあり、設けられた駅は、東京、品川、川崎、鶴見、神奈川、横浜の6駅であった。

この日本ではじめての路線は、工部省鉄道寮（のち鉄道局）の所管となった。この機関は組織の改編や名称を経て日本国有鉄道、いわゆる国鉄となり、そしてＪＲに姿を変えた。国が担った鉄道事業の幕開けは、まさに文明開化の象徴であった。

開業当初、車両はイギリスから輸入されたもので、運転士（機関士）やダイヤ作成も外国人が担当した。人材や車両を海外に頼りながら開業した日本の鉄道は、やがて世界屈指の輸送量と正確さを誇るまでになっていく。

開業翌年の１８７３年は旅客収入42万円、貨物収入２万円。対してかかった経費は23万円（車両や設備の減価償却は含まず）。21万円の営業利益が出た。「鉄道は儲かる」と認識され、線路は全国各地に張り巡らされていった。

そして２０２２年10月14日――。日本で鉄道が生まれて１５０年が経った。鉄道大国となった今、各鉄道会社はその歴史を讃え、振り返るべく記念行事を行うも、その様子は大賑わいとはいかなかった。コロナ禍の真っただ中にあったためだ。

その前々年度となる２０２０年度、鉄道会社各社は過去最大の大幅売上減を経験することになる。２０２１年度は幾分か持ち直すも、乗客は依然減ったままだ。

コロナ禍を受けて、企業は勤務形態を大きく変えざるを得なかった。そのひとつがテレワークである。会社に通うことなく仕事ができる環境が整えられ、多くの企業で今も継続して実施されている。社外の打ち合わせもリモートで行われる機会が増えた。

これまでになくデジタル化が進み、多くのことがオンラインでできることに気づかされた人々の意識を再度コロナ禍前に戻すことは不可能だ。

仕事において、移動の必然性は減った。まっさきに思い浮かぶのが〝通勤電車〟で、多くの人があのようなすし詰め状態の電車に乗って仕事に行きたくないと思っている。

企業側も、テレワークでも業務効率が落ちず、かつ通勤費や事務所経費の圧縮が図れることを実感した今、リモートワークを完全に停止する理由がない。

人々が移動することで売上をあげていた鉄道会社としては、致命的ともいえる社会の変化が起こった。なかでも大量輸送で巨額の売上をあげていた都市部の鉄道会社は、鉄道ビジネスの見直しを迫られることになった。

コロナ禍は一過性のものだったとしても、社会の考え方は変わってしまった。嵐が去るのを待っていても無駄だ。二度とかつての状況には戻らない。１５０年前に得た「鉄道は儲かる」という知見が、都市部でも今崩れようとしている。

しかし、ビジネスの一般論でいえば、「変化」は「ビジネスチャンス」でもある。通勤が不要となればビジネスパーソンらが住む地域も変わり、そこで交通の需要が生まれる可能性がある。大量輸送を実現するために必要だった経費が削減され、より効率的な輸送が可能となるかもしれない。150年前には思いもよらなかったリニア新幹線という乗り物が登場し、数年後に旅客を乗せて走り出そうとしている。

リニアに限らず、これを機にさまざまなアイデアが出てくれば、以前から乗客減に苦しみ続ける地方路線も新たな移動手段を得て再起を図れる可能性ある。

本書は、具体的にどのくらい乗客が減り、いかに日本の鉄道の状況が変わっていっているのかを各社のデータをもとに紐解きながら、鉄道会社の次の手を探るものである。

都市部の大量輸送ビジネスの限界と地方の廃線危機の現状を知り、日本の鉄道の未来を考えるきっかけになれば幸いである。

目次

第4章　苦肉の策か、逆転の一手か
——運行ダイヤはいかに変わったのか　153

第5章　鉄道会社がつかもうとする未来の姿

第1章　鉄道ビジネスの根幹を揺るがす事態

――乗客はいったいどれくらい減ったのか

年間で254億人もの乗客がいた日本の鉄道

多くの人を乗せ、町から町へ走る鉄道。国内を血管のようにはりめぐらされた線路の上を、血液が循環するように列車が走り続ける。

次々と運ばれる「大量の乗客」こそが、鉄道のアイデンティティのひとつでもある。正確に時刻を刻みながら、より多くの人を安全に、そして正確に時を刻みながら目的地へ運び続けてきた。

それは世界屈指の鉄道大国である日本において、さらに顕著だ。

国内を代表する鉄道会社であるJR東日本は、その輸送規模において国内はもとより世界でも最大規模を誇る。

運行している路線の長さ（営業キロ）は、JR東日本が7401kmであるのに対して、同じく鉄道大国と呼ばれるドイツを代表する鉄道会社、ドイツ鉄道が3万3331km、アメリカの長距離輸送を担うアムトラック（米国鉄道旅客輸送公社）が3万4439km。

距離では4分の1以下であるが、一方で輸送人員はJR東日本が圧倒的である。ドイツ鉄道が年間20億人の乗客を運んでいるのに対し、JR東日本は65億人。実に4分の1の線路で3倍以上の乗客を運んでいる。加えて、運輸収入はドイツ鉄道の197億ドルに対して、JR東日本はそれに迫ろうとする167億ドルに及ぶ。ドイツ鉄道はドイツ全土を走る旧西ドイツ国鉄と旧東ドイツ鉄道が統合、民営化された鉄道会社であり、かつての日本の国鉄が分割されることなく民営化されたようなイメージだ。それを国内の一鉄道会社が大きく凌駕している事実ひとつとっても、日本の鉄道の乗客規模の大きさがわかる。

世界人口が2022年11月に80億人を突破したと国際連合が推計している。その8割に及ぶ人数をJR東日本一社で運んでいたわけだが、国内全体に目を向けると、JR旅客6社（JR北海道、JR東日本、JR東海、JR西日本、JR四国、JR九州）の合計が95億人。一方の私鉄や公営の鉄道会社の合計はおよそ延べ160億人にも及ぶ。つまり、日本の鉄道は実に254億人もの人たちを年間で運んできたのだ。

日本の人口は1億2512万人（2022年7月1日現在）だから、1人あたり年間約200回は乗車している計算になる。都市部と地方の鉄道利用の違いを考えれば、それぞれ住む人たちとで大きな差は出るだろうが、それだけ日本では鉄道が利用されているということだ。

乗客は緩やかに減少傾向にあった

ただし、ここまで述べてきたのは2019年度の数値である（ドイツ鉄道は2016年12月期の数値）。2019年末から世界中を襲った新型コロナウイルス感染症の流行拡大は、その様相を一変させた。

「多くの人たちが移動する」ことを前提に組み立てられた鉄道のビジネスモデルは、国内での鉄道開業150年を目前に控えた2020年、鉄道史で類を見ないターニングポイントを迎えることとなった。

多くの人がコロナ禍で外出を控え、鉄道に乗る機会が減っていく。

しかし、それ以前から緩やかながら鉄道の乗客が減る兆しはあった。その最大の要因は国内の人口減少である。

日本の人口は、戦後から一貫して増加を見せ、１９６７年にははじめて1億人を超えた。なかでも東京の人口増加には目を見張るものがあり、長年右肩あがりで推移を続けている。

これが国内全体で見ると、２００８年の1億２８０８万人を頂点として、減少に転じている。東京都に限定して見た場合、東京都が２０１８年3月に発表した「東京都男女年齢（5歳階級）別人口の予測」を参照すると、２０２５年に約１４０８万人に達して、人口のピークを迎えるとされる。まだ人口は拡大しているものの、この１４０８万人を折り返しとして、その後の人口は減少の一途をたどっていくだろう。

人口減少に伴い、各産業は国内市場の縮小を危惧している。

鉄道もその例に漏れない。

かつては「国民の足」と称されていたように、バブル崩壊直前、民鉄は年間延べ86億人以上もの定期客を運んでいた。しかし、バブル崩壊とともにその数が減少し、年間の定期客がピーク時と比較して延べ10億人以上減少した年もある（表１－１参照）。

【表1-1】ＪＲおよび私鉄、公営鉄道の乗客数の推移

年度	ＪＲ		私鉄、公営鉄道	
	定期	定期外	定期	定期外
	百万人(%)	百万人(%)	百万人(%)	百万人(%)
1986	4605(65)	2498(35)	7656(62)	4653(38)
1989	5098(64)	2881(36)	8316(62)	4993(38)
1992	5588(63)	3229(37)	8638(62)	5321(38)
1995	5697(63)	3284(37)	8322(61)	5403(39)
1998	5507(63)	3241(37)	7906(59)	5412(41)
2001	5367(62)	3266(38)	7491(57)	5654(43)
2004	5333(62)	3283(38)	7399(56)	5794(44)
2007	5504(61)	3483(39)	7695(55)	6237(45)
2010	5497(62)	3330(38)	7678(55)	6226(45)
2013	5632(62)	3514(38)	8054(55)	6484(45)
2016	5711(61)	3660(39)	8495(56)	6776(44)
2019	5876(62)	3627(38)	8926(57)	6773(43)

出所：『鉄道統計年報』(国土交通省)

国土交通省が発行する『鉄道統計年報』を見ると、２０１３年から回復傾向にあるが、人口減少が加速していくことを加味すると、今後継続的に利用者を獲得するのは容易ではないだろう。

そうした状況に対して、鉄道会社各社が無策であったわけではない。不動産事業をはじめとして運輸事業以外の事業に活路を見出そうとしていたが、コロナ禍の乗客減に対応できた鉄道会社は皆無であった。

首都圏で乗客が最も減った路線はどこか

コロナ禍以降、明らかに乗客が減っていると感じたことだろう。では、いったいどのくらい減ったのか、具体的に数字で確認していこう。国内で最も乗客が多く、広範囲で営業しているＪＲ東日本が詳細なデータを公表している。まずは、首都圏の状況を見ていく。

日本国内で「新型コロナウイルス感染症を指定感染症として定める等の政令」が施行され、法令において「新型コロナウイルス感染症」と定められたのが２０２０年２月１日。２０１９年度に発生し、２０２０年度に入ると、テレワークなどを実施する企業が相次いだ。

その点を踏まえ、まったくコロナ禍の影響を受けていない２０１８年度と２０２０年度の乗客数を比較していく（表１－２参照）。

まず、首都圏で最も乗客が減っているのは、成田線（成田〜成田空港間）である。減少率は実に75・6％にも及ぶ。乗客が４分の１にまで減っているわけで、まさに終日「ガ

【表1-2】首都圏の主なJR路線の乗客の減少率

路線名（区間）	平均通過人員（人）		減少率（%）
	2018年度	2020年度	
成田線（成田～成田空港）	26,072	6,359	75.6
中央本線（大月～甲府）	30,822	11,967	61.2
中央本線（高尾～大月）	46,132	20,402	55.8
成田線（佐倉～成田）	44,425	21,693	51.2
八高線（高麗川～倉賀野）	3,393	1,672	50.7
常磐線（取手～土浦）	102,270	53,159	48.0
常磐線（土浦～勝田）	47,266	26,382	44.2
高崎線（熊谷～高崎）	46,786	28,935	38.2
総武本線（千葉～佐倉）	105,090	65,659	37.5
外房線（茂原～勝浦）	7,312	4,604	37.0
山手線（品川～新宿～田端）	1,134,963	720,374	36.5
京葉線（東京～蘇我など）	181,483	116,090	36.0
成田線（成田～我孫子）	18,201	11,701	35.7
常磐線（高萩～いわき）	9,402	6,099	35.1
中央本線（神田～高尾）	690,337	448,960	35.0
東金線（大網～成東）	8,075	5,249	35.0
東北本線（大宮～古河）	157,897	102,717	34.9
八高線（拝島～高麗川）	15,690	10,220	34.9
日光線（宇都宮～鹿沼）	8,562	5,644	34.1
上越線（高崎～新前橋）	40,481	26,841	33.7
水戸線（小山～友部）	7,011	4,679	33.3
高崎線（大宮～熊谷）	198,487	133,068	33.0
東海道本線（東京～大船など）	669,492	452,775	32.4
埼京線（池袋～赤羽）	752,645	514,038	31.7

路線名（区間）	平均通過人員（人）		減少率（%）
	2018年度	2020年度	
横浜線（東神奈川～八王子）	231,706	158,813	31.5
総武本線（東京～千葉など）	431,983	296,659	31.3
横須賀線（大船～逗子）	129,893	89,390	31.2
常磐線（日暮里～取手）	363,050	249,780	31.2
内房線（君津～館山）	3,921	2,711	30.9
東海道本線（大船～小田原）	202,683	140,212	30.8
外房線（蘇我～茂原）	70,525	49,301	30.1
東北本線（東京～大宮など）	637,751	446,909	29.9
八高線（八王子～拝島）	32,303	22,689	29.8
両毛線（伊勢崎～新前橋）	20,808	14,693	29.4
外房線（千葉～蘇我）	209,509	150,323	28.2
川越線（大宮～川越）	89,062	64,296	27.8
南武線（川崎～立川）	205,876	148,630	27.8
青梅線（立川～拝島）	194,019	140,281	27.7
川越線（川越～高麗川）	19,694	14,306	27.4
内房線（蘇我～君津）	57,566	41,879	27.3
武蔵野線（府中本町～西船橋）	168,752	122,695	27.3
五日市線（拝島～武蔵五日市）	24,712	18,236	26.2
青梅線（拝島～青梅）	80,631	59,755	25.9
横須賀線（逗子～久里浜）	25,791	19,267	25.3
根岸線（横浜～大船）	177,099	132,514	25.2
常磐線（勝田～高萩）	29,007	21,894	24.5
鶴見線（鶴見～扇町など）	14,133	11,555	18.2

出所：JR東日本『路線別ご利用状況』をもとに編集部作成

ラガラ」の状況だ。この状況は、首都圏から成田空港を結ぶ特急、成田エクスプレスの利用者減がほぼ直接的に影響している。もはや鉄道路線の話ではなく、成田空港の利用者減の深刻さを表す数字といってもよいだろう。

次いで高い減少率を示したのが、中央本線（大月〜甲府間）で61・2％。そして、中央本線（高尾〜大月間）で55・8％だ。この路線は、2022年3月現在では、特急かいじが上り下りともに14本、特急あずさが上り下りともに16本走っており、そのほか臨時列車も走っている。この首都圏を走るなかでは長距離の部類となる特急の乗客減が大きく影響している。

ちなみに、特急かいじにおいては、この本数は2020年3月のダイヤとほぼ変わっていない。特急かいじは、おおよそ1時間に1本ペースでの運行なので、そこから本数を減らすと乗客にとってかなり不便となるので、それは避けたようだ。一方で、より速達となる特急あずさは、2020年3月時点では上りの定期便が18本で、臨時便が7本走っていたので、コロナ禍後は定期便を少し減らし、臨時便をほぼなくしている。

郊外のほうが乗客が減っている

その後も、成田線（佐倉〜成田間）、八高線（高麗川〜倉賀野間）が減少率50％を超えている。

減少率が40％台を示すのは、常磐線（取手〜土浦間）の48・0％、常磐線（土浦〜勝田間）の44・2％の2区間。そして、高崎線（熊谷〜高崎間）38・2％、総武本線（千葉〜佐倉間）37・5％と続いていく。以降も外房線（茂原〜勝浦間）や成田線（成田〜我孫子間）、常磐線（高萩〜いわき間）が減少率上位に入り、要するに首都圏のなかでも郊外のほうが、乗客が減っている傾向にある。

東京23区内を走る列車に絞ると、最も高い減少率を示したのは山手線で36・5％だ。ただし、ここでいう「山手線」はJR東日本の集計上、品川〜新宿〜田端間を指しており、そこを走る埼京線の乗客も含まれる。いずれにせよ、私鉄で池袋駅や新宿駅に出た人が乗り継いで利用することも多い路線なので、都内への人流が減った影響が出やすい路線だ。

首都圏の主要路線の多くが乗客3割減前後

都内を走るメジャーな路線の動向を見ていこう。

減少率はどの路線も極端な差は見られず、おおよそ30%台中盤あたりとなる。中央線（神田～高尾間）が35・0%減、東海道本線（東京～大船間など）が32・4%減、埼京線（池袋～赤羽間）が31・7%減、総武線（東京～千葉間）が31・3%減、常磐線（日暮里～取手間）が31・2%減となる。

都内の鉄道の人の流れはおおよそ3割強ほど減ったといえるが、多くの人の体感とそう大きく変わらないのではないだろうか。

山手線は1日あたり41万人の乗客が減っている

ところで、ここまで減少率で話をしてきたが、人数ではどれだけ減っているのか。

1日1kmあたりの乗客数を平均通過人員、もしくは輸送密度という。この平均通過人員は、２０１８年の山手線（品川〜新宿〜田端間。以下同）は１１３万人であった。

誤解しないように平均通過人員について、もう少し説明をしておくと、この人数に路線の距離を掛けたものが〝乗客数〟というわけではない。１人の客が乗る距離、乗り降りする駅は、当然ながらまちまちである。それを均して、常に１日あたり１１３万人の客が乗っていると考えてもらえばイメージしやすいのではないだろうか。

加えて言えば、その平均通過数量に路線距離の20・６ｋｍを掛けると山手線が「どれだけの人数を、どれだけの距離を運んだのか」が算出され、その算出で出された数値を「輸送人キロ」という。ほとんどの人にとって耳慣れない単位だろうが、多くの人が長い距離を乗車する路線――たとえば東海道線や中央線はこの数字が大きくなる。その路線の輸送規模を表すために、鉄道業界で用いられている単位だ。

山手線の場合は、この輸送人キロは実に２３２７万人キロとなる。この数値をイメージしやすいように例を言うと、１０００万人が２・３ｋｍずつ乗車する、もしくは１０００万人が20・３ｋｍずつ乗車すると、おおよそこの数値となる。

いずれにせよ、この途方もない人数は、２０２０年度には平均通過人員72万人、輸送人キロでは1483万人キロにまで落ち込む。この人数でもまだまだ〝途方もない〟人数が乗車しているといえるが、一方で減ったのも41万人と、また途方もない人数だ。輸送人キロでいえば、844万人キロが減っている。

ここで、減少率トップであった成田線の乗客数の推移も確認しておこう。

2018年と2020年の比較で、成田〜成田空港間は平均通過人員2万6072人から6359人、路線距離は10・8kmなので、その値を掛けると輸送人キロは19万325人キロから4万6429人キロとなる。こちらもその路線の商圏に大きな打撃を与える数字であることは間違いないのだが、一方で山手線の乗客数の減り具合の大きさがわかるだろう。

ちなみに、山手線に次いで2018年度の平均通過人員が多いのが中央線（神田〜高尾間）で69万337人。これが2020年度には44万8960人にまで落ち込む。実に37万9623人の減少だ。中央線は山手線の2倍以上の距離があるため、輸送人キロにして1962万人キロもの減少となる。

1日あたり各路線から数十万人規模の乗客が減っているわけだ。

乗客数が減っている路線はどこか

ここであらためて、〝率〟ではなく〝数〟が減った路線について見てみよう。このランキングは、もともと乗客が多い路線が上位となる（表1－3参照）。

先述も含めて整理すると、乗客数が最も減ったのは山手線で、平均通過人員が41万4589人減。次いで中央線、埼京線、東海道線が24～21万人減。東北本線（東京～大宮〈王子経由、尾久経由〉）、赤羽～大宮（武蔵浦和経由）など）が19万人、総武線（東京～千葉、錦糸町～御茶ノ水）が13万人と続く。

そのほか、首都圏で通勤電車として使われている路線はおおむね5～6万人規模で減少している。

もともと乗客が多いとはいえ、ひとつの町、市レベルの人数が都内の各路線の人の流れから消えた。一方で当然ともいえるが、乗客が増えている路線はひとつもない。

【表1-3】首都圏で乗客数が減った路線（区間）

路線名（区間）	2020年度（対2018年度比）	
	減少した人数（平均通過人員：人）	減少率（%）
山手線（品川～新宿～田端）	414,589	36.5
中央本線（神田～高尾）	241,377	35.0
埼京線（池袋～赤羽）	238,607	31.7
東海道本線（東京～大船など）	216,717	32.4
東北本線（東京～大宮など）	190,842	29.9
総武本線（東京～千葉など）	135,324	31.3
常磐線（日暮里～取手）	113,270	31.2
横浜線（東神奈川～八王子）	72,893	31.5
高崎線（大宮～熊谷）	65,419	33.0
京葉線（東京～蘇我など）	65,393	36.0
東海道本線（大船～小田原）	62,471	30.8
外房線（千葉～蘇我）	59,186	28.2
南武線（川崎～立川）	57,246	27.8
東北本線（大宮～古河）	55,180	34.9
青梅線（立川～拝島）	53,738	27.7
常磐線（取手～土浦）	49,111	48.0
武蔵野線（府中本町～西船橋）	46,057	27.3
根岸線（横浜～大船）	44,585	25.2
横須賀線（大船～逗子）	40,503	31.2
総武本線（千葉～佐倉）	39,431	37.5
中央本線（高尾～大月）	25,730	55.8

出所：JR東日本『路線別ご利用状況』をもとに編集部作成

乗客があまり減らなかった路線がある

首都圏の路線の大半が3割前後減少した一方で、あまり乗客が減っていない路線もある（表1－4参照）。ひとつは、南武線（尻手～浜川崎間）だ。減少率は4・1％で、2021年度に至っては、すでに例年の水準に戻っている。同区間は工場地帯で、乗客の多くが工場へ出勤する人たちとなる。テレワークの実施が困難な工場勤務者は、コロナ禍でも変わらず出勤し続けていたという状況が見てとれる。

そもそも乗客数（平均通過人員）も2018年は8057人と多くはない（表1－2参照）。そのため、減少した乗客数も327人にとどまる。満員電車で押し合いへし合い乗車する状況にないのも、コロナ禍での変わらぬ出勤を可能にしたひとつの要因とも思われるが、いずれにせよ尻手～浜川崎間の4・1kmは、ここ3年変わらぬ通勤風景が続いている。

次いで減少率が少なかった路線が鶴見線（鶴見～扇町、浅野～海芝浦、武蔵白石～大川間）である。それでも18・2％減と一定の減少は見せているものの、南武線と同様に

【表1-4】乗客があまり減っていない首都圏の路線

路線(区間)	2020年度平均通過人員(人)	減少率(対2018年度:%)	減少数(対2018年度:人)
南武線(尻手～浜川崎)	7,730	4.1	327
鶴見線(鶴見～扇町など)	11,555	18.2	2,578
常磐線(勝田～高萩)	21,894	24.5	7,113
根岸線(横浜～大船)	132,514	25.2	44,585
横須賀線(逗子～久里浜)	19,267	25.3	6,524
青梅線(拝島～青梅)	59,755	25.9	20,876
五日市線(拝島～武蔵五日市)	18,236	26.2	6,476

出所:JR東日本『路線別ご利用状況』をもとに編集部作成

工場地帯だ。テレワークが困難であり、出勤を避けられなかったことが要因であろう。

また、青梅線（拝島〜青梅間）、根岸線（横浜〜磯子〜大船間）など、都内近郊止まりの路線が、減少率20％台中盤にとどまる傾向にある。多くが住宅地であり、また勤務先が都内でなければ車で通勤するケースも多く、通勤通学の手段が鉄道となる人が引き続き乗車したためと考えられる。

ほかに乗客の減少が抑えられた路線は、常磐線（勝田〜高萩間）が減少率24・5％、で平均通過人員7113人減。以降、根岸線（横浜〜大船間）、横須賀線（逗子〜久里浜間）と続くがいずれも25％減以上であり、「郊外の路線は減り方がやや抑えられた」といえるも、南武線や鶴見線ほど極端な状況ではない。

地方はどの路線が減ったのか

郊外の路線は比較的減少が抑えられている傾向にあるが、では地方はどうか。引き続き、ＪＲ東日本の路線別利用状況をもとに２０１８年度と２０２０年度の比較で見ていく。

地方部で最も乗客が減っているのは、奥羽本線（福島～米沢間）で71・6％。首都圏のなかでは成田エクスプレスが走る成田線に匹敵する減り具体である。従来の4分の1ほどしか乗客が乗っていない（表1－5参照）。

この路線は山形新幹線が走っている。山形新幹線はいわゆるミニ新幹線と呼ばれるもので、新幹線用に建設された線路ではなく在来線の線路を利用して運行されている。この区間は在来線も走っており、特急列車と普通列車が運行されているわけで、全国新幹線鉄道整備法の定義では「在来線」であり、そのため乗客数などのデータも在来線として計上される。本書としてもそれに倣い、表1－5に記載した。

とはいえ、それは鉄道会社側の事情であって乗客には関係ない。要するに、山形新幹線の乗客が極端に減ったために奥羽本線（福島～米沢間）の乗客が減ったというわけだ。新幹線の乗客は、日本の大動脈と言われる東海道新幹線を含め、軒並み大幅に乗客が減少している。

次に減っている田沢湖線（盛岡～大曲間）も63・6％減と大幅減だが、こちらもミニ新幹線である秋田新幹線が走っている。奥羽本線（米沢～山形間）も同様にミニ新幹線（山形新幹線）が走る区間だ。

日本海側の大動脈の乗客が大幅減少

ＪＲ東日本管轄の地方部でミニ新幹線を除き最も減っているのは羽越本線、路線距離（営業キロ）にして80ｋｍの村上～鶴岡間で61・2％減となっている。新潟県から県境を越えて山形県に至るこの路線は、特急いなほが走っている。

特急いなほは主に新潟～秋田を結ぶ特急で、村上～鶴岡間はその途中だが、村上駅の秋田方面のダイヤの半分は特急いなほだ。村上駅では秋田方面の列車が1日に18本停車するが、そのうち9本が特急いなほとなるので、特急いなほの乗客が減れば、それに伴ってこの区間の乗客も減る。

ただし、羽越本線は全区間で特急いなほの影響を受けているわけではない。この日本海側の幹線の区間ごとの状況も見てみよう。

【表1-5】JR東日本の地方路線の乗客の減少率

線名（区間）	平均通過人員（人）		
	2018年度	2020年度	減少率（%）
奥羽本線（福島～米沢）	9,517	2,701	71.6
田沢湖線（盛岡～大曲）	7,023	2,553	63.6
羽越本線（村上～鶴岡）	1,795	697	61.2
中央本線（甲府～小淵沢）	17,020	7,232	57.5
奥羽本線（米沢～山形）	10,886	4,740	56.5
陸羽西線（新庄～余目）	345	163	52.8
陸羽東線（鳴子温泉～最上）	85	41	51.8
中央本線 （小淵沢～塩尻（みどり湖経由））	14,703	7,239	50.8
奥羽本線（大曲～秋田）	7,951	3,938	50.5
大湊線（野辺地～大湊）	578	288	50.2
奥羽本線（新庄～湯沢）	424	212	50.0
大糸線（白馬～南小谷）	249	126	49.4
磐越西線（野沢～津川）	133	69	48.1
水郡線（常陸大子～磐城塙）	209	109	47.8
五能線（能代～深浦）	335	177	47.2
磐越西線（郡山～会津若松）	3,077	1,638	46.8
奥羽本線（福島～青森（秋田経由）など	4,983	2,664	46.5
只見線（会津川口～只見）	28	15	46.4
北上線（ほっとゆだ～横手）	134	72	46.3
山田線（上米内～宮古）	148	80	45.9
上越線（越後湯沢～ガーラ湯沢）	753	414	45.0
伊東線（熱海～伊東）	16,907	9,344	44.7
仙山線（愛子～羽前千歳）	3,457	1,917	44.5
釜石線（遠野～釜石）	586	328	44.0
小海線（小淵沢～小海）	500	283	43.4

線名(区間)	平均通過人員(人)		
	2018年度	2020年度	減少率(%)
羽越本線(鶴岡～酒田)	2,197	1,245	43.3
上越線(越後湯沢～六日町)	2,836	1,610	43.2
篠ノ井線(松本～篠ノ井)	9,226	5,259	43.0
篠ノ井線(塩尻～篠ノ井)	12,465	7,322	41.3
羽越本線(新津～秋田)	2,194	1,296	40.9
東海道本線(小田原～熱海)	42,766	25,301	40.8
釜石線(花巻～釜石)	764	454	40.6
両毛線(足利～桐生)	4,740	2,842	40.0
日光線(鹿沼～日光)	4,301	2,595	39.7
飯山線(戸狩野沢温泉～津南)	126	77	38.9
篠ノ井線(塩尻～松本)	25,470	15,605	38.7
羽越本線(新発田～村上)	5,686	3,493	38.6
釜石線(花巻～遠野)	936	575	38.6
磐越西線(郡山～新津)	1,745	1,073	38.5
奥羽本線(大館～弘前)	1,139	701	38.5
東北本線(古河～宇都宮)	48,203	29,720	38.3
外房線(勝浦～安房鴨川)	1,644	1,017	38.1
中央本線(辰野～塩尻)	583	362	37.9
水郡線(常陸大宮～常陸大子)	965	608	37.0
八高線(八王子～倉賀野)	9,338	5,904	36.8
磐越東線(いわき～小野新町)	309	196	36.6
奥羽本線(湯沢～大曲)	1,831	1,171	36.0
大糸線(信濃大町～白馬)	797	511	35.9
吾妻線(渋川～長野原草津口)	2,949	1,891	35.9
陸羽東線(古川～鳴子温泉)	1,032	666	35.5
大船渡線(一ノ関～気仙沼)	796	514	35.4

出所:JR東日本『路線別ご利用状況』をもとに編集部作成

羽越本線は新津〜秋田間を結ぶ総延長271・7kmの路線だ。〝本線〟の名にふさわしい長距離を走る路線だが、そのため区間ごとに乗車の状況もずいぶんと変わってくる（表1－6参照）。

まず、羽越本線全線では、平均通過人員は2018年度が2194人、2020年度が1296人。898人減っており、減少率は40・9％だ。全線のこの数値を見ると、村上〜鶴岡間はかなり極端に減った区間ということがわかる。次に減った区間は鶴岡〜酒田間で43・3％減。この酒田駅からさらに北上して羽後本荘駅まで結んだ区間では減少率は34・7％にまで抑えられる。そして、羽後本荘駅から終点の秋田駅間の減少率は28・2％にとどまる。

では、村上駅から南に向かうとどうなるか。村上〜新発田間は38・6％減。新発田駅から羽越本線の終着駅である新津駅までの間の乗客減少率は15・7％にまで抑えられている。この区間の乗客にとっては、「なんとなく減ったかもなあ」と感じる程度であっただろう。

新津駅は羽越本線に加えて信越本線と磐越西線の3路線が乗り入れる駅で、近くには

【表1-6】羽越本線の区間ごとの乗客減少率

区間	営業キロ (km)	平均通過人員（人）		
		2018年度	2020年度	減少率 (%)
新津〜秋田（全線）	271.7	2,194	1,296	40.9
新津〜新発田	26.0	1,362	1,148	15.7
新発田〜村上	33.4	5,686	3,493	38.6
村上〜鶴岡	80.0	1,795	697	61.2
鶴岡〜酒田	27.5	2,197	1,245	43.3
酒田〜羽後本荘	62.0	987	645	34.7
羽後本荘〜秋田	42.8	2,465	1,769	28.2

出所：JR東日本『路線別ご利用状況』をもとに編集部作成

鉄道の車両を製作する工場があるなど、鉄道の要衝でもある。また新潟市のベッドタウンとしても栄え、1日平均乗車人員は長らく4200人前後で推移してきた。2020年には3400人ほどに落ち込んでいるが、新潟県の主要駅のひとつだ。

羽越本線の区間ごとに減少率を見ると、都市部ほど減少率が抑えられ、離れるに従って減少率が高まる傾向がある。これは、地方の人たちが鉄道の利用を避けたというわけではなく、県境を越えるような長距離移動が極端に減ったといえるだろう。

車社会となる地方の駅では、先述の村上駅のような停車する列車の半分が特急というダイヤをよく見る。2018年の村上駅の乗車客数は1593人。対して2020年は1183人で26％減。北に三駅のあつみ温泉駅は101人から65人で36％減。同区間の平均通過人員の61・2％減とは大きく差がある。この区間を含め、県をまたぎ乗車する特急の客が減り、結果、乗客数が減っているのだ。

特急が多く走る路線で大幅に乗客が減っている

ミニ新幹線区間、羽越本線（村上～鶴岡間）に次いで乗客が減っているのは、中央本線の甲府～小淵沢間だ。57・5％減っている（表1－5参照）。この区間は平均通過人員が1万7020人と地方路線としては比較的乗客も多い。一方で、特急の本数も多い。甲府駅発松本方面の時刻表を見てみると、61本中26本が特急列車だ。この特急の利用者が減った結果といえる。

ちなみに、甲府駅の2018年の1日あたりの乗客数が1万5165人で2020年は８９０９人で42％ほど減っている。ただし、隣駅の竜王駅は２４０９人から１７９１人で26％減、さらに北側の隣駅である塩崎駅は１０５６人から８１５人で23％減、韮崎駅は２６７８人から１８９１人で30％減にとどまる。羽越本線（村上～鶴岡間）と同じような状況にあるわけだ。塩崎駅周辺は日本航空高校、韮崎駅周辺は韮崎高校があり、高校生の利用も乗客数が極端に減らない理由のひとつといえるだろう。

次いで減っている陸羽西線（新庄～余目間）も52・８％減と、およそ半分にまで乗客数が落ち込むが、ここまで紹介してきた路線とは少々状況が異なる。

陸羽西線の新庄～余目間は平均通過人員が２０１８年時点で３４５人と、廃線の危機にさらされている路線だ。

２０１１年3月の東日本大震災の影響で全線不通、同年4月に余震の発生で再度、全線不通となった。２０１８年8月には集中豪雨の影響で全線不通となり、区間ごとに復旧していくも全線で運転再開まで約2カ月を要している。新庄～余目を日に4・5往復するのみで、日々の生活の足として使うには厳しく、そうしたなかでコロナ禍を迎え、高齢者を中心とした乗客が離れた。

2022年5月からは新庄酒田道路のトンネル建設関連工事のために全線で営業を休止し、バスでの代行輸送を実施している。運行は1～2時間に1本ペースであり、自家用車での移動を避けこの路線を利用する理由はかなり限られる。2020年時点で乗客が半分となり、この先のバス運行でどれだけ乗客を確保できるか。

次いで減少率が高い陸羽東線（鳴子温泉～最上間）は51・8%減だが、平均通過人員は85人から41人へ減り、陸羽西線よりさらに風前の灯だ（176ページ参照）。

2021年度を迎え、それぞれ陸羽西線（新庄～余目間）が182人、陸羽東線（鳴子温泉～最上間）が44人とわずかに増えているが、今後に期待できる乗客増ではなく、上がり目はない……と言い切るのもはばかれるが、依然としてかなり厳しいのは事実だ。

ただし、全線通して乗客減にあえぐ陸羽西線に比べ、陸羽東線は路線距離が94・1kmと長く、状況は区間ごとに違う。最上～新庄間では20・4%減にとどまるも、そもそも2018年度の乗客（平均通過人員）は363人しかいない。一方で小牛田～古川間は27・5%減で3885人とほかの区間と随分と様相が異なるが、これは古川駅が東北新幹線の停車駅であるためだ。

紅葉と雪景色の美しい只見線の命運はいかに

風光明媚な日本の原風景のなかを走る路線として、鉄道の旅について語られる際、しばしば名前が挙がる只見線。その景色を求め外国人の乗客も多い。沿線には秘湯と呼ばれる温泉が多数あり、秘境駅と呼ばれる駅を数多く抱え、実に旅情をそそる路線である。福島県の会津若松駅から新潟県の小出駅を結ぶ路線距離135・2kmで、秋には息を飲むような美しい紅葉が、冬には見る先すべてを白く覆った雪景色を見ることができる。

その絶景ともいえる景色はすなわち人の少ない場所を走っているからゆえであって、当然ながら乗客は少ない。全線通しての平均通過人員は2018年度が280人。会津川口～只見間に至っては28人で、JR東日本のなかで最少である。2020年は15人で46・4%減となった。15人も変わらず最少であり、2021年には多くの路線が乗客数を増やすなか、12人と減少が続いている。

会津川口～只見間は福島県の西部、新潟県との県境から10kmほどのところを走り、その間27・6km。1日に6・5往復しか走っていないので、この間を1本あたり1人しか乗車していない計算になる。要するにこの路線、走らせれば走らせるほど赤字を生む路線なのである。

ただし、その赤字は昨日今日始まった問題ではなく、国鉄時代の1968年に〝使命を終えた路線〟として廃止かバス転換が協議されている。当時、只見線を含む83路線がその対象となり、1972年までに11路線が廃止となった。しかし、只見線は冬季に豪雪地帯となり道路が封鎖される周辺地域において唯一の交通手段となるため、廃止の議論から54年を経て今なお生き残っている。

只見線は2011年7月の豪雨により被災し、会津川口〜只見間は橋が複数失われるなどして運休していた。その間は代行バスが運行されており、2021年度の乗客数、本数は代行バスによるもの。災害後しばらく復旧工事は行われず、そのまま廃線になるのではという危惧もあったが、2022年10月にようやく復旧し、只見線は11年ぶりに全線復旧を果たした。

しかし、復旧した会津川口〜只見間を走る列車は3往復のみ。代行バスを運行していたときより本数は減っているが、復旧前も3往復であったので、コロナ禍の乗客減による本数削減ではないだろう。どちらかというと代行バスにより利便性が上がっていた同区間だが、それでも乗客は増えずにコロナ禍で乗客を減らし、列車運行再開により、さらに利便性を下げる結果となった。

災害前の只見駅の1日平均の乗車人員は30人前後であったので、それがもとに戻っても……という状況ではあるのだが、コロナ禍の行動制限を経て、回復してきた旅行客と全線復旧がどう影響し合って、只見線にどういう展開をもたらすのか。当該区間の乗客が〝0〟に限りなく迫る事態となった今、その行く末に地域住民は何を思うのか。復旧時には多くの鉄道ファンが足を運び、つかの間のにぎわいを見せたが、抜本的な解決には程遠い。

JR東日本では減少率20％以下が32区間ある

ここまで大きく減少してきた路線（区間）を紹介してきたが、減少率が20％以下の路線（区間）も多い（表1－7参照）。

まず目につくのが、東北本線の黒磯〜新白河間だろう。乗客が減ることなく、11・6%増えている。これだけ見るとかなり特殊な事例のように思えるが、東北本線（東京〜盛岡間）はここ数年、乗客数がわずかながら増加傾向にあり、なかでも黒磯〜新白河間は2018年度から2019年度にかけて最も乗客数が増えた区間だ（24%増）。それが2020年度にコロナ禍によって乗客数が減るも2018年度よりは多いため、対2018年度では増加という結果になった。

同区間の南北となる宇都宮〜黒磯（19・8%減）、新白河〜郡山間も同じような動きを見せているため、減少率が比較的少なくすんでいる。上野東京ラインで黒磯から東京都内、横浜などへ行きやすくなったことが乗客数微増に一役買っていると思われるが、乗客の絶対数としては多くはない。車社会のなかにあって、鉄道での移動を選択している人が、そのまま鉄道を利用していると考えるのが妥当だろう。

上越線の水上〜越後湯沢間などは山間部を走るので、車より鉄道を使ったほうが移動する時間が多少短くてすむ。特に高齢者、学生などが鉄道を利用し続けているためだろう。

【表1-7】JR東日本であまり乗客が減らなかった地方路線

線名(区間)	平均通過人員(人)		減少率(%)
	2018年度	2020年度	
東北本線(黒磯〜新白河)	2,348	2,620	-11.6
上越線(水上〜越後湯沢)	738	687	6.9
東北本線(小牛田〜一ノ関)	2,203	2,050	6.9
津軽線(中小国〜三厩)	115	107	7.0
東北本線(一ノ関〜北上)	4,362	3,956	9.3
米坂線(今泉〜小国)	274	248	9.5
花輪線(鹿角花輪〜大館)	580	524	9.7
東北本線(新白河〜郡山)	6,523	5,837	10.5
只見線(会津若松〜会津坂下)	1,154	1,009	12.6
上越線(六日町〜宮内)	3,536	3,052	13.7
飯山線(津南〜越後川口)	421	359	14.7
越後線(柏崎〜吉田)	729	618	15.2
羽越本線(新津〜新発田)	1,362	1,148	15.7
東北本線(北上〜盛岡)	11,863	9,961	16.0
左沢線(北山形〜寒河江)	4,773	3,997	16.3
飯山線(豊野〜飯山)	1,725	1,444	16.3
左沢線(北山形〜左沢)	3,342	2,791	16.5
津軽線(青森〜三厩)	464	387	16.6
気仙沼線(前谷地〜柳津)	227	189	16.7
花輪線(好摩〜大館)	382	318	16.8
只見線(会津若松〜小出)	280	233	16.8
水郡線(上菅谷〜常陸太田)	2,628	2,184	16.9
常磐線(原ノ町〜岩沼)	3,828	3,148	17.8
男鹿線(追分〜男鹿)	1,877	1,543	17.8
津軽線(青森〜中小国)	735	604	17.8

出所：JR東日本『路線別ご利用状況』をもとに編集部作成

東京メトロ東西線の混雑率が123%まで低下

ここまでJR東日本の首都圏、地方の乗客の減少ぶりを見てきたが、都市部のほうが影響が大きい。もとより車で移動することが多い地方に比べ、都市部で影響が出るのはもっともなわけだが、その最大の理由はビジネスパーソンが移動しなくなった点にあるのはいうまでもない。

では、通勤客はどのくらい減ったのか。結果的にコロナ禍によって首都圏のラッシュアワーの混雑ぶりは大幅に改善されたわけだが、主要路線の2019年からの混雑率の推移を見ていこう。

国土交通省が継続的に混雑率の統計をとっている区間が首都圏内に31区間あるが、その区間の最混雑時間帯（区間によって異なるが、おおよそ7時30分から8時30分）1時間の平均が2019年度は163%。それが2020年度は107%、2021年度は108%にまで減少している。

ここでいう混雑率100%とは、乗客全員が座席に座るか、つり革か入口付近の柱をつかむことができる状態を指す。混雑率150％で肩が触れ合うが新聞は楽に読める程度で、180％は体が触れ合うが新聞はまだ読めるような状況だ。200％となると体が触れ合い相当な圧迫感があるが、幸いにも200％に達する路線は2019年度時点ではなくなっている。

首都圏のラッシュ時の混雑率は、なにも策がないまま手をこまねいてきたわけではなく、国土交通省が各鉄道会社に「150％にまで緩和するように」とお達しを出しており、鉄道会社も知恵を絞ってきた。が、ラッシュ時の1時間で10両編成の列車を30本前後走らせている状況にあって、「これ以上、何をどうするのか……」というのが、多くの鉄道会社の本音だっただろう。

ラッシュアワー時の1時間に最も多く本数を走らせているのは東武伊勢崎線で、平均8・4両編成で41本に及ぶ。この編成、本数で確保できる輸送力は約4万5000人。実際に乗客は約6万8000人おり、混雑率は150％となる。

そんな状況がコロナ禍で抜本的に解決されることになった。

次ページの表1－8、表1－9は、そのうち2019年度に混雑率150％超を示した24路線をまとめている。

最も高い混雑率を示すのは東京メトロ東西線の木場→門前仲町間で、2019年度は実に199％に達する。東西線は長年混雑率ワースト の座に君臨し続ける路線で、沿線住民は先述の基準でいうところの「相当な圧迫感がある」通勤を長年強いられてきた。

これが2020年度に入り、混雑率は123％にまで改善される。かつワースト1位は都営三田線の129％となった。2021年度も変わらず都営三田線がラッシュアワー時に最も混雑する路線であり、次いで東西線となっている。

乗客数に目を向けると、東西線は2019年度に1時間で7万6388人乗車していたのが、2020年度は4万7189人、2021年度は5万1811人に減っている。2万5000人ほど減っているのだから、通勤はずいぶんと楽になったといえるだろう。

2021年度はテレワークを実施する企業が減ったためか、大半の路線で混雑率はわずかながら悪化している。それでも2019年度の辟易する電車通勤に比べれば、ほぼ横ばいといえる数字だ。

一方で、混雑率低下が続く路線もあり、東京メトロ銀座線は2019年度に160％

だった混雑率が、98％、92％まで下がっている。ほかにもＪＲ常磐線は１５０％から91％、96％にまで低下した。

ここまで乗客が減ると鉄道会社が本数を減らすことも考えられるが、各社とも編成、本数は２０１９年度から２０２１年度まで変更はない。唯一、最も多い本数を走らせていた東武伊勢崎線が41本から38本に減らしているが、依然として最も多い。

大阪圏、名古屋圏の混雑率は１００％前後に

首都圏ほどではないにせよ、大阪圏、名古屋圏もラッシュアワー時は混雑する。首都圏と同様に国土交通省が統計をとっている区間について、見ていこう。

大阪圏は20区間、名古屋圏は８区間が統計の対象になっており、表１－10、表１－11はそのなかから混雑率１２０％以上の路線をピックアップしたものだ。

統計の対象となっている区間で、大阪圏の２０１９年度の平均混雑率は１２６％。それが２０２０年度は１０３％、２０２１年度は１０４％に低下している。最も混雑する

【表1-8】東京圏における主要区間の混雑率（2019年度）

事業者名	線名	区間	混雑率（%）
東武	伊勢崎線	小菅→北千住	150
西武	池袋線	椎名町→池袋	158
	新宿線	下落合→高田馬場	164
京王	京王線	下高井戸→明大前	167
	井の頭線	池ノ上→駒場東大前	150
小田急	小田原線	世田谷代田→下北沢	158
東急	東横線	祐天寺→中目黒	172
	田園都市線	池尻大橋→渋谷	183
都営地下鉄	三田線	西巣鴨→巣鴨	161
	新宿線	西大島→住吉	159
東京メトロ	日比谷線	三ノ輪→入谷	158
	銀座線	赤坂見附→溜池山王	160
	丸ノ内線	新大塚→茗荷谷	159
	東西線	木場→門前仲町	199
	有楽町線	東池袋→護国寺	165
	千代田線	町屋→西日暮里	179
	半蔵門線	渋谷→表参道	169
JR東日本	東海道線	川崎→品川	193
	横須賀線	武蔵小杉→西大井	195
	中央線	中野→新宿	184
	京浜東北線	川口→赤羽	173
	常磐線	松戸→北千住	150
	総武快速線	新小岩→錦糸町	181
	総武線	錦糸町→両国	194

出所：国土交通省「東京圏における主要区間の混雑率」

【表1-9】東京圏における主要区間の混雑率（2020～2021年度）

事業者名	線名	混雑率（%）		輸送人員（人）
		2020年度	2021年度	2021年度
東武	伊勢崎線	104	114	47,768
西武	池袋線	109	111	34,847
	新宿線	113	110	35,109
京王	京王線	112	116	43,340
	井の頭線	99	103	20,267
小田急	小田原線	118	117	58,585
東急	東横線	123	116	36,719
	田園都市線	126	112	45,358
都営地下鉄	三田線	129	131	20,922
	新宿線	118	121	28,533
東京メトロ	日比谷線	110	127	35,542
	銀座線	98	92	16,883
	丸ノ内線	101	109	26,665
	東西線	123	128	51,811
	有楽町線	109	102	34,959
	千代田線	118	126	55,526
	半蔵門線	111	99	37,887
JR東日本	東海道線	103	104	36,430
	横須賀線	117	110	22,480
	中央線	116	120	53,090
	京浜東北線	118	118	43,570
	常磐線	91	96	37,340
	総武快速線	105	105	37,340
	総武線	111	112	43,280

出所：国土交通省「東京圏における主要区間の混雑率」

阪急電鉄神戸線が149%から114%にまで低下した。一方、名古屋圏では132%から104%に低下したのち、110%に上昇している。最も混雑する名古屋市営地下鉄東山線が141%から104%、120%と推移している。

名古屋圏は、いったん下がった混雑率が再度上昇しているが、これは編成、本数が変わらないなか、単純に乗客が増えたためだ。一方で大阪圏では近鉄、南海、京阪、JR西日本が編成両数、本数を調整している。JR京都線は12両編成13本から9・8両編成8本、11・6両編成11本と変更し、混雑率100%弱を保っている。

いずれにせよ、大阪圏は名古屋圏に比べて、乗客数が戻ってきていない。大阪圏では押し合いへし合いのラッシュアワーは過去のものとなりそうな気配だ。ここまで紹介してきた混雑率はあくまで混雑路線を対象としたもので、ここに挙げていない路線は大半が100%を切っている。2021年度をテレワーク中心で乗り切った企業が、2022年度に入って次々と全面的に出社に切り替えるようなことは考えづらい。

名古屋圏は多くの混雑路線が乗客増を示しており、この傾向が2022年度も続くようであれば、かつての通勤風景が戻るのかもしれない。

ちなみに、コロナ禍が都市部の通勤風景を大きく変えたように思う人も多いだろうが（事実、そうだが）、鉄道会社は輸送力強化などで長年ラッシュアワーの改善に取り組んできた。おおよそ半世紀前、１９７５年は各都市圏ともに〝地獄〟のような通勤風景があった（表１－12）。主要区間では２００％越えの路線が当然のようにあり、駅員が乗客を無理やり〝押し込む〟景色がいたるところで見られた。その後、東京圏、名古屋圏では輸送力を１・６倍以上に、大阪圏では１・２倍に引き上げられ、乗客の減少もあいまって、通勤ラッシュは緩和されていく。

従来と比べれば苦痛も減った通勤ラッシュだが、一方でこの通勤ラッシュは鉄道会社にとって解決すべき課題であると同時に〝稼ぎ時〟でもある。課題が解決されようとしている今、利益の減少に対して鉄道会社はどう舵を切るのだろうか。

首都圏と同じ構造で減少した西日本の路線

ここまで首都圏はじめ東日本について見てきたが、西日本の状況はどうだろうか。

【表1-10】大阪、名古屋圏の主要区間の混雑率（2019年度）

事業者名	線名	区間	混雑率（%）
近鉄	奈良線	河内永和→布施	135
	大阪線	俊徳道→布施	135
	南大阪線	北田辺→河堀口	127
	京都線	向島→桃山御陵前	127
南海	南海本線	粉浜→岸里玉出	136
	高野線	百舌鳥八幡→三国ケ丘	125
京阪	京阪本線	野江→京橋	122
阪急	宝塚本線	三国→十三	146
	神戸本線	神崎川→十三	149
大阪市営地下鉄	御堂筋線	梅田→淀屋橋	148
	谷町線	谷町九丁目→谷町六丁目	124
JR西日本	片町線	鴫野→京橋	139
名鉄	本線（東）	神宮前→金山	149
	本線（西）	栄生→名鉄名古屋	147
近鉄	名古屋線	米野→名古屋	137
名古屋市営地下鉄	東山線	名古屋→伏見	141
	名城・名港線	金山→東別院	135
JR東海	中央線	新守山→大曽根	120

出所：国土交通省「大阪圏における主要区間の混雑率」「名古屋圏における主要区間の混雑率」

【表1-11】大阪、名古屋圏における主要区間の混雑率（2020〜2021年度）

事業者名	線名	混雑率（%）		輸送人員（人）
		2020年度	2021年度	2021年度
近鉄	奈良線	114	119	27,020
	大阪線	112	117	22,260
	南大阪線	99	111	20,250
	京都線	102	112	15,250
南海	南海本線	109	109	17,833
	高野線	103	101	22,925
京阪	京阪本線	97	109	29,919
阪急	宝塚本線	110	111	27,475
	神戸本線	114	115	30,488
大阪市営地下鉄	御堂筋線	116	118	43,473
	谷町線	103	100	18,864
JR西日本	片町線	120	116	20,210
名鉄	本線（東）	108	122	26,886
	本線（西）	109	121	26,629
近鉄	名古屋線	100	106	12,300
名古屋市営地下鉄	東山線	104	120	21,529
	名城・名港線	120	123	14,546
JR東海	中央線	109	104	18,717

出所：国土交通省「大阪圏における主要区間の混雑率」「名古屋圏における主要区間の混雑率」

【表1-12】三大都市圏における主要区間の平均混雑率の推移

	東京圏	大阪圏	名古屋圏
1975年度	221%	199%	205%
2018年度	163%	126%	132%
2019年度	163%	126%	132%
2020年度	107%	103%	104%
2021年度	108%	104%	110%

出所：平均混雑率・輸送力・輸送人員の推移

ＪＲ西日本で最も乗客を減らしているのは関西空港線で、70・6％減少している（表1－13参照）。ＪＲ東日本でも成田空港にアクセスする路線（成田線）で75・6％減少しているが、それに近い減少率となっている。

次いで減っているのは北陸線の敦賀～福井間で、62・0％減に及んだ。北陸線は当区間に限らず、福井～金沢間も53・1％減少しており、北陸線全線（米原～金沢間）で見ても、57・5％減少している。平均通過人員はその要因のひとつが特急サンダーバードの乗客減少だろう。空港へのアクセス線に次いで、人気特急の利用者減による路線の乗客数減という構図はＪＲ東日本と同じだ。

特急サンダーバードは関西から金沢を結ぶ特急

で、国内の数ある特急のなかでも乗客数上位に位置する。２０２０年3月時点のダイヤでは、上り25本、下り25本、臨時便が7本出ていた。２０２２年3月のダイヤ改正では臨時便がなくなったが、上下ともに25本は変わらずに運行している。

瀬戸大橋線と呼ばれる本四備讃線の茶屋町〜児島間も北陸線と同じように特急が多く走る区間で、46・4％と大きく減少している。同線は本州から四国へ渡る唯一の鉄道路線で、四国への流入、もしくは四国からの流入が半分程度になったことを示している。

ほかに平均通過人員が比較的多い路線のなかで乗客が減っているのが湖西線だ。山科〜近江塩津を結ぶ路線で、つまりは滋賀と京都をつなぐ主要路線である。48・7％も減少しており、県境をまたぐ移動がためらわれていたことがわかる。一方で京都〜大阪、大阪〜神戸をつなぐ京都線、神戸線（東海道線）は、それぞれ34・2％、27・7％の減少率で、首都圏の主要路線と同程度の減少具合だ。大阪環状線も31・6％減っている。

また、ＪＲ西日本を代表する幹線である山陽本線は、全線（神戸〜下関間）通して24・6％と比較的減少率は抑えられている。一方の日本海側を走る山陰本線は34・1％減少しており、特に特急きのさき、こうのとりが走る福知山〜城崎温泉間で41・7％減

【表1-13】JR西日本で減少率の高い路線

路線(区間)	平均通過人員(人)		減少率(%)
	2018年度	2020年度	
関西空港線(日根野〜関西空港)	29,720	8,739	70.6
北陸線(敦賀〜福井)	29,896	11,368	62.0
伯備線(新見〜伯耆大山)	3,512	1,463	58.3
姫新線(中国勝山〜新見)	310	132	57.4
北陸線(福井〜金沢)	27,682	12,981	53.1
伯備線(備中高梁〜新見)	4,464	2,098	53.0
大糸線(南小谷〜糸魚川)	102	50	51.0
山口線(宮野〜津和野)	716	353	50.7
湖西線(山科〜近江塩津)	38,218	19,592	48.7
紀勢線(新宮〜白浜)	1,173	608	48.2
山口線(津和野〜益田)	585	310	47.0
瀬戸大橋線(茶屋町〜児島)	28,487	15,279	46.4
因美線(智頭〜鳥取)	3,664	1,993	45.6
山陰線(園部〜福知山)	5,938	3,293	44.5
播但線(和田山〜寺前)	1,269	714	43.7
山陰線(出雲市〜益田)	1,257	725	42.3
山陰線(福知山〜城崎温泉)	3,442	2,006	41.7
桜島線(西九条〜桜島)	87,653	52,388	40.2
山陰線(米子〜出雲市)	6,009	3,690	38.6
宇野線(岡山〜茶屋町)	41,958	25,804	38.5
阪和線(日根野〜和歌山)	36,438	23,089	36.6
高山線(猪谷〜富山)	2,201	1,396	36.6
福知山線(篠山口〜福知山)	4,243	2,697	36.4
山陽線(岩国〜新山口)	9,696	6,195	36.1
伯備線(倉敷〜備中高梁)	10,502	6,786	35.4

出所:JR西日本「区間別平均通過人員および旅客運輸収入」をもとに編集部作成

少している。ちなみに、山陰本線は２０２２年時点で日本最長（６７６ｋｍ）の路線であり、それゆえ区間ごとに状況も大きく異なる。例えば島根県と山口県を結ぶ益田～長門市間は平均通過人員が少ない（２６６人）ものの10・５％減に留まった。

ドル箱路線が半分以下の乗客となった四国の路線

ＪＲ四国の乗客は、同社全線で37・９％減少している。より広域をカバーするＪＲ東日本が32・０％減なので各路線の減少が目立つ。

最も乗客（平均通過人員）が減っているのは児島～宇多津間を走る本四備讃線だ。ふだんは瀬戸大橋線と呼ばれており、本州と四国をつなぐＪＲ四国にとってドル箱といえる路線で、その路線で乗客が55・６％減少と半分以下になっているのは経営上かなり厳しい。松山、高知、徳島、高松という四国各県の主要都市から本州の岡山を結ぶ特急しおかぜ、南風、うずしお、快速マリンライナーが通過する路線であり、その需要が大幅に減った結果だ。

同社の路線で平均通過人員が1万人を超えるのは、もう一路線、予讃線の高松～多度津間しかなく、36％減少している。予讃線は高松と松山を結び宇和島に達する四国の幹線だが、多度津以西も今治まで40％前後減少し、今治～松山間も36・7％減に及ぶ。減少率が最も小さい鳴門線も21・9％減っており、「全体的に減っている」と言わざるをえない状況だ。

JR四国は9路線のみのため、左の表がJR四国のすべての路線、区間となる。増加している路線はなく、最も減少が抑えられた鳴門線でも21・9％減となった。鳴門市は四国の東端にあたるが、そこから大鳴門橋で淡路島に渡り、淡路島から1998年に開業した明石海峡大橋により本州に渡ることができる。

車・バスで本州から四国に入る際のもうひとつの玄関口でもあるが、徳島駅などからも本州に向けた高速バスは出ており、鳴門駅から本州までのバス乗り換えの需要で乗客が減らなかった……ということではないだろう。地方において度々見られる、車社会で鉄道の利用を選ばざるを得ない学生や高齢者の層が引き続き利用しているということだろう。同線は徳島バスと競合しており、廃線のひとつの基準である平均通過人員200

【表1-14】JR四国路線の乗客減少率

路線(区間)	平均通過人員(人)		減少率(%)
	2018年度	2020年度	
本四備讃線(児島～宇多津)	23,990	10,642	55.6
土讃線(琴平～高知)	2,886	1,563	45.8
予讃線(観音寺～今治)	5,544	3,059	44.8
予讃線(多度津～観音寺)	8,856	5,355	39.5
牟岐線(阿南～牟岐)	690	425	38.4
予讃線(高松～宇和島)	6,448	4,012	37.8
牟岐線(牟岐～海部)	212	134	36.8
予讃線(今治～松山)	6,981	4,422	36.7
予讃線(高松～多度津)	24,441	15,654	36.0
土讃線(多度津～琴平)	5,614	3,657	34.9
予土線(北宇和島～若井)	312	205	34.3
内子線(新谷～内子)	3,281	2,200	32.9
高徳線(引田～徳島)	3,690	2,481	32.8
土讃線(須崎～窪川)	1,159	783	32.4
予讃線(松山～内子)	2,698	1,876	30.5
予讃線(新谷～宇和島)	2,698	1,876	30.5
予讃線(向井原～伊予大洲)	381	280	26.5
高徳線(高松～引田)	4,817	3,552	26.3
牟岐線(徳島～阿南)	4,809	3,563	25.9
徳島線(佐古～佃)	2,886	2,167	24.9
土讃線(高知～須崎)	3,889	2,934	24.6
鳴門線(池谷～鳴門)	1,930	1,508	21.9

出所：JR四国「区間別平均通過人員(輸送密度)および旅客運輸収入」をもとに編集部作成

0人を切る。

乗客が減ってはいないが、〝固定客〟頼りで、逆に言えば増えることも考えづらい。2021年度の平均通過人員は1557人で、50人ほど増えたに留まる。1968年に国鉄諮問委員会が提出した意見書により廃線かバス転換を強いられた地方の路線（通称、赤字83路線）があったが、鳴門線もその検討に入っていた。近年は平均通過人員は2000人前後で推移していたが、1500人台にまで落ち込むと、〝意識せざるを得ない数字〟といえるだろう。

牟岐線の一部が第三セクター鉄道へ移管

徳島県内の鉄道網は2020年に大きな動きがあった。牟岐線の阿波海南〜海部間1・4kmが阿佐海岸鉄道に移管している。阿佐海岸鉄道が運行する阿佐東線は徳島から高知へ、阿波海南文化村から阿波海南を経て海の駅とろむに向かう路線だ。

前ページの表では牟岐線（牟岐〜海部）と示しているが、2021年度からは牟岐線

（牟岐～阿波海南）となる。２０１８年度の牟岐～海部間の平均通過人員は２１２人。超閑散区間を移管し距離が短くなった２０２１年度、牟岐～阿波海南間の平均通過人員は１４６人でしかない。阿波海南～海部間を第三セクター鉄道・バスに移管しても牟岐線の経営面での苦境は何ら変わらない状況だ。

しかしながら、コロナ禍で乗客数は減っているが、それでも行動が制限されたなかで、車ではなく鉄道を利用する人たちがいるということだ。

２１２人から１４６人。乗客がここまで減ったと見るべきか、それでもなお鉄道を必要とする人たちがいると見るべきか。

阿佐海岸鉄道は鉄道車両での運行を２０２０年11月で終了し、ＤＭＶ（デュアル・モード・ビークル）での運行に移行している。ＤＭＶとは線路（軌道）と自動道路を走行できる車両だ。見た目はほぼバスである。そう聞くと多くの人が、バスが線路の上を走っている姿を想像するだろう。実際、その想像の姿のまま走っている。線路を走れるということは、道路状況に左右されず時間通りに走れる鉄道のメリットを維持することができる。

人口減少により大量輸送という鉄道ビジネスの根幹が揺るがされるなか、コロナ禍は数年後に訪れていたであろう〝乗客が減った鉄道の姿〟を見せつけることになった。

牟岐線の阿佐海岸鉄道への移管は計画されていたもので、コロナ禍を理由としたものではないが、乗客減の路線でとられる策のひとつではある。同鉄道会社は1988年の開業以来、一度も黒字を達成していない。徳島県、高知県、海南町、東洋町などの自治体の負担によって運行を続けることができている。その状況が正解ということではないだろうが、DMVをはじめ鉄道は地域ごとに徐々に姿を変える時期に来ているのは確かだ。

ドル箱路線は3割減ほどに留まるJR九州

JR九州で最も乗客数が減ったのは、宮崎空港線で67・3％減。空港へアクセスする路線が乗客減となるのは、どの地域でも同様の傾向だ。この路線は日豊本線の田吉から1駅先の宮崎空港駅までの1・4kmしかないので、完全に宮崎空港の利用状況とリンクする。空港の利用状況が回復する過程で乗客は戻るだろう。

ＪＲ九州のドル箱路線（区間）は、鹿児島本線の小倉〜博多間。２０１８年度の平均通過人員は８万２７１３人で、同社内で最も多い。福岡はもとより九州を代表する２つの都市を結ぶ路線である。当区間の減少率は31・８％で、首都圏の主要路線と同程度の減り方となった（表１－15参照）。

この鹿児島本線は全長２８１・６ｋｍに及ぶ九州で２番目に長い路線だ。福岡県の北端となる門司港から鹿児島までを縦断する路線だったが、２００４年の九州新幹線開業にともない八代〜川内間の１１６・９ｋｍが第三セクター鉄道である肥薩おれんじ鉄道に経営が移管された。

そのため鹿児島本線は途中で分断されるが、もともと３つの県をまたぐ長い路線だったので、かねてより区間ごとの役割が異なり、現在もＪＲ九州を代表する幹線である。全線を通しても減少率は32・４％で、どの区間も30％前後の減少率に留まる。

【表1-15】JR九州で減少率の高い路線

路線(区間)	平均通過人員(人)		減少率(%)
	2018年度	2020年度	
宮崎空港線(田吉～宮崎空港)	1,918	627	67.3
日豊本線(佐伯～延岡)	889	353	60.3
長崎本線(肥前山口～諫早)	8,334	3,317	60.2
久大本線(久留米～日田)	3,437	1,677	51.2
長崎本線(佐賀～肥前山口)	21,001	10,507	50.0
佐世保線(肥前山口～佐世保)	6,463	3,232	50.0
日豊本線(都城～国分)	1,438	728	49.4
長崎本線(鳥栖～佐賀)	31,057	15,877	48.9
日豊本線(中津～大分)	14,074	7,226	48.7
長崎本線(鳥栖～長崎)	14,469	7,426	48.7
日南線(南宮崎～田吉)	3,770	2,163	42.6
日豊本線(小倉～中津)	28,424	16,940	40.4
長崎本線(諫早～長崎)	18,220	10,941	40.0
三角線(宇土～三角)	1,242	775	37.6
鹿児島本線(博多～久留米)	68,269	43,398	36.4
山陽本線(下関～門司)	18,961	12,328	35.0
指宿枕崎線(喜入～指宿)	2,537	1,661	34.5
鹿児島本線(久留米～大牟田)	8,843	5,877	33.5
後藤寺線(新飯塚～田川後藤寺)	1,315	890	32.3
鹿児島本線(小倉～博多)	82,713	56,372	31.8
筑豊本線(折尾～桂川)	8,443	5,759	31.8
筑肥線(唐津～筑前前原)	5,870	4,016	31.6
日田彦山線(城野～田川後藤寺)	2,471	1,694	31.4
香椎線(西戸崎～香椎)	4,909	3,373	31.3

出所:JR九州「線区別ご利用状況」をもとに編集部作成

鉄道会社の逡巡が見てとれる日豊本線

　この鹿児島本線と対をなすように九州の東岸を縦断するのが日豊本線だ。小倉〜鹿児島間（462・6km）の全線通して38・8％減少しており、かつ区間ごとに減り具合に大きく差がある。大分と宮崎の県境をまたぐ佐伯〜延岡間において、60・3％減少している。

　距離にして58・4kmとなるこの区間は、普通列車は1往復半のみ。区間の途中までは佐伯から重岡が2本、延岡から区間途中への列車は走っていない。ほぼ〝特急しか走っていない〟路線だ。2020年3月のダイヤ改正では、延岡から佐伯への上り列車は、朝8時から夕方18時まで1時間に1本ペースで特急にちりんが走っており、その数12本。それが2022年になると、8本まで減っている。普通列車は変わらず佐伯まで2本走るのみだ。

　特急列車が多く走る路線は全国的に減る傾向にあるが、それはある程度の人数の乗客がいるうえで減っている。この区間は地域の足としても、特急路線としてもニーズが低く、乗客がもとより少ない。2018年度の平均通過人員は889人で2020年度は353人まで落ち込んだ（表1－16参照）。2021年度は431人と多少は回復したが、この区間の上がり目はほぼないといってよい。

しかし、九州の東側を縦断している路線なので、この間のダイヤを極端に減らすと、文字通り九州東岸は「分断」される。

延岡～佐伯の北側の区間、佐伯～大分間は平均通過人員5000人規模の区間だが、乗客数は26・8％減に留まる。南側の延岡～南宮崎間は6000人規模で29・6％減と、こちらも極端に減っているわけではない。宮崎が〝陸の孤島〟などといわれることがあるが、延岡～佐伯間の鉄道ダイヤと乗客数はまさにそれを示すものといえそうだ。乗客減への対応と、地域を結ぶ鉄道会社としての使命。この逡巡を日豊本線に見てとれる。

鹿児島本線と日豊本線、全線通しての2018年度平均通過人員はそれぞれ3万4292人と8898人で3・8倍の差がある。それが2020年度には2万3187人と5448人に減少した。そして、その差は4・2倍に広がっている。2021年度は2

【表1-16】鹿児島本線と日豊本線の乗客数の減少率

路線(区間)	平均通過人員(人)		減少率(%)
	2018年度	2020年度	
日豊本線全線	8,898	5,448	38.8
小倉～中津	28,424	16,940	40.4
中津～大分	14,074	7,226	48.7
大分～佐伯	5,308	3,886	26.8
佐伯～延岡	889	353	60.3
延岡～南宮崎	6,145	4,327	29.6
南宮崎～都城	3,584	2,540	29.1
都城～国分	1,438	728	49.4
国分～鹿児島	11,319	8,501	24.9
鹿児島本線全線	34,292	23,187	32.4
門司港～小倉	24,075	16,637	30.9
小倉～博多	82,713	56,372	31.8
博多～久留米	68,269	43,398	36.4
久留米～大牟田	8,843	5,877	33.5
大牟田～熊本	6,942	4,785	31.1
熊本～八代	10,548	7,744	26.6
川内～鹿児島中央	7,452	5,881	21.1
鹿児島中央～鹿児島	11,917	9,088	23.7

出所：JR九州「線区別ご利用状況」をもとに編集部作成

万5506人と5897人で、いずれも若干回復しているが、その差は4・3倍とわずかに広がってしまった。

ちなみに、国鉄から民営化された1987年当時、鹿児島本線と日豊本線の平均通過人員はそれぞれ2万5138人と1万2249人。2・4倍ほどの差であった。鹿児島本線は並行在来線で乗客減が見込まれる区間が第三セクター鉄道になったという経緯があるものの、JRとなって35年を経て乗客数の差は開く一方である。九州新幹線が開業して、西岸と東岸の差はさらに顕著となった。

そこにコロナ禍で鉄道の利用状況の変化が追い打ちをかけた。

地方のダイヤ改正については、〝鶏が先か卵が先か〟という話もある。

本数が減って、不便になったから乗客が減るのか、乗客が減ったからやむなく本数を減らすのか。乗客が減った事実があったとして、本数を減らすとさらに乗客減に拍車がかかる。コストをかけて本数を増やしたところで乗客が戻らなければ赤字が拡大する。都市部に先駆けて人口減少が進む地方において、鉄道会社はむずかしい選択を迫られる。

コロナ禍前より全路線が赤字のJR北海道

JR四国、JR九州について、乗客が危機的に減っている路線を紹介してきたが、JR北海道はコロナ禍以前から全路線が赤字であり、さらに厳しい状況にある。

売上については第4章で述べるとして、ここでは乗客数について解説していこう。

JR北海道の全路線の平均通過人員は、2018年度は5108人であった。それが2020年度は2767人にまで落ち込んでいる。実に46％減だ。半分近くに減っており、もはや黒字、赤字を論じる次元ではない。会社の命運を左右する減少ぶりだ（表1－17参照）。

2021年度は3001人にまで回復しているが、それでも対2018年度比は41％減であり、依然厳しい状況が続く。

大半の路線が30％以上の減少率を示している。ここまで紹介したJR各社の大都市圏の路線は減少率30％台中盤あたりになる傾向が見られたが、函館線の小樽～札幌間、札幌～岩見沢間は39・2％、38・3％と若干高い。

ＪＲ北海道内では函館線に次いで乗客が多い千歳線・室蘭線の白石～苫小牧間。函館線経由で札幌駅に直通する路線であるが47・４％も減っており、札幌周辺の路線は軒並み大幅に乗客が減っている。千歳線は新千歳空港駅がある路線で、航空需要の減少が乗客が半分以下に減る要因のひとつとなっている。札幌に次ぐ主要都市の函館、小樽、旭川の周辺も厳しい。函館線の函館～長万部間が60・５％、長万部～小樽間が44・２％減となる。

ＪＲ北海道では3年間で3路線(区間)が廃止の憂き目に

ＪＲ旅客6社のなかで特筆すべきは、２０１９年から２０２１年の3年間で3路線（区間）が廃止になっていることだ（表1－18参照）。

まず石勝線の新夕張～夕張間、16・１kmが２０１９年4月に廃止となった。もともと石炭を運ぶための運炭路線であったが、その役目を終えたあとも夕張周辺の住民の移動を担っていた。しかし、平均通過人員１００人前後で推移し、最終年となる２０１８

年度は146人、その前年（2017年度）は69人であった。第4章でくわしく述べるが、石勝線のこの区間は毎年2億円以上の赤字を生んでいる路線であった。

石勝線のこの区間が廃止となった翌年、2020年5月に札沼線の北海道医療大学〜新十津川間が廃止となっている。2020年度は1カ月と7日間しか走っていないが、平均通過人員は112人。その前年の2019年は71人と前述の石勝線と同規模の乗客数だった。札沼線の桑園〜北海道医療大学間の平均通過人員は1万7957人いるので、北海道医療大学駅を境に極端に減っているわけだ。沿線には月形高校があったが、当校の生徒もバス転換を望んだことなどがあり、乗客数減少でやむなしと沿線の自治体も廃止を容認した。

札沼線は1972年に新十津川から北に延びる石狩沼田までの区間が廃止となっている。そのときの廃止の理由は太平洋戦争中の「不要不急線」として休止した後、再開するも利用者数の減少にあえいだためであった。

不要不急の外出の自粛を政府が呼びかけた2020年、今度は〝不要不急〟の後に再開することなく、札沼線は再び区間廃止となる。

なにか因縁めいたものを感じなくもないが……ただし、コロナ禍による乗客減少によって当区間は廃止になったわけではない。すでに路線として一企業が単体で支える状況ではなくなっていた。その議論の過程でコロナ禍を迎えてしまったのだ。

そして、その翌年、2021年4月に日高線の鵡川～様似間が廃止となる。平均通過人員は2018年から119人、104人、95人とカウントダウンを迎えるように減っていった。コロナ禍に入り、乗客増がとうてい見込めないなかで廃止が決まっていく様子は、どこか切なささすら感じる。しかし、2020年の当路線の赤字額は6億円を超えていた。これ以上の延命は北海道全体の鉄道運行にも影響を及ぼすだろう。

乗客が1日100人を切る路線が3路線

毎年のように廃止区間が発生しているJR北海道だが、引き続き廃止の可能性をもつ路線を抱えている。

2020年に平均通過人員が100人を切る路線が新たに2路線発生している。平均通過人員は1日の上下線の人数をカウントしている。列車に乗ってある駅に向かった人はたいていが列車に乗って帰るので、平均通過人員が１００人の場合、おおよそ50人がその区間を往復しているということになる。つまり、50人ほどが利用している路線（区間）ということだ。その点を踏まえて、次を読み進めてほしい。

根室線の滝川～富良野間が４１９人から１９０人に減少。留萌線の深川～留萌間が１４５人から90人に減少。また、根室線の富良野～新得間はコロナ禍前より１００人を切っており、94人から57人にまで落ち込んだ。

ただし、根室線の富良野～新得間はコロナ禍の乗客減のみならず、東鹿越～新得間41・５ｋｍが２０１６年の台風災害の影響で不通となっており、代行バスを走らせているという別の事情がある。当区間はすでに廃止検討区間に含まれており、今後存続し続けるのかわからない区間に多額の費用を投じるのは一企業としては非常に厳しい選択となる。ＪＲ北海道はバス転換を希望しており、２０２３年1月現在、復旧工事は行われていない。

一方で、さらに付け加えると、これは単に一ローカル線の話というだけではない。根

【表1-17】JR北海道の路線の減少率

路線(区間)	平均通過人員(人)		減少率(%)
	2018年度	2020年度	
新幹線(新青森〜新函館北斗)	4,899	1,453	70.3
函館線(函館〜長万部)	3,650	1,443	60.5
室蘭線(長万部〜東室蘭)	4,804	1,924	60.0
石勝・根室線(南千歳〜帯広)	3,529	1,570	55.5
根室線(滝川〜富良野)	419	190	54.7
函館線(岩見沢〜旭川)	8,237	3,739	54.6
室蘭線(室蘭〜苫小牧)	6,764	3,166	53.2
宗谷線(名寄〜稚内)	335	165	50.7
石北線(上川〜網走)	779	404	48.1
千歳線・室蘭線(白石〜苫小牧)	46,416	24,422	47.4
石北線(新旭川〜上川)	1,117	600	46.3
函館線(長万部〜小樽)	625	349	44.2
根室線(帯広〜釧路)	1,557	897	42.4
宗谷線(旭川〜名寄)	1,393	827	40.6
根室線(釧路〜根室)	250	150	40.0
根室線(富良野〜新得)	94	57	39.4
函館線(小樽〜札幌)	47,039	28,615	39.2
函館線(札幌〜岩見沢)	42,926	26,472	38.3
留萌線(深川〜留萌)	145	90	37.9
釧網線(東釧路〜網走)	380	236	37.9
富良野線(富良野〜旭川)	1,505	1,027	31.8
札沼線(桑園〜北海道医療大学)	17,957	12,555	30.1
室蘭線(岩見沢〜沼ノ端)	412	305	26.0

路線（区間）	平均通過人員（人）		減少率（%）
	2018年度	2020年度	
日高線（苫小牧～鵡川）	462	476	-3.0

出所：JR北海道「線区別の収支とご利用状況について」をもとに編集部作成

【表1-18】2019年以降に廃止になった路線（区間）

路線（区間）	平均通過人員（人）		
	2018年度	2019年度	2020年度
石勝線 （新夕張～夕張） 2019年４月１日廃止	146	—	—
札沼線 （医療大学～新十津川） 2020年5月7日廃止	62	71	112
日高線 （鵡川～様似） 2021年4月1日廃止	119	104	95

出所：JR北海道「線区別の収支とご利用状況について」をもとに編集部作成

室線は根室本線といわれることもあるように、本線＝主要な路線という位置づけである。国鉄時代に主要な路線を本線と名付けていたが、分割民営化されＪＲとなった際に「本線」とはいわなくなった（国土交通省の資料などでは本線という表記はなくなった）。それでも、かつての名残りで「○○本線」と呼ぶことも多い。

国鉄時代、国内の主要都市を網羅するように走る〝主要路線〟が、部分的とはいえ廃止され、路線が分断される危機にあるのだ。

国内に張り巡らされていく鉄道は近代化の象徴であった。どんどん延伸していく鉄道は、日本経済の勢いを示すものであった。その本線から廃止区間が発生するとなれば、まさに大きな〝時代の転換期〟といえるだろう。

赤字路線をいかに減らすかがＪＲ北海道の命運を握る

留萌線も短いながら本線と名付けられた路線だが、２０１０年代に入って災害で度々不通となり代行バスを走らせるなどしていた。その間に留萌から海側を南に走る留萌〜

増毛間が2016年12月に廃止となっている。さらに留萌〜石狩沼田間が2023年4月に、残る石狩沼田〜深川間も2026年に廃止されることがJR北海道と沿線自治体間で合意がなされている。つまり、留萌線は2026年に全線が姿を消すこととなったのだ。

JR北海道は乗客増などでの収益力アップではなく、バス転換などで赤字路線を減らして、いかに損失を減らすかを経営の命題としている。

JR北海道、JR四国、JR九州は、本州に路線をもつJR東日本などに対して〝島〟を走ることから「三島会社」と呼ばれてきた。民営化後、鉄道需要の小さい地域で苦しい経営を強いられてきたわけだ。その三島会社のなかで、2016年にJR九州が株式上場を果たしたが、それに続いてJR北海道、JR四国が上場するのはかなりむずかしいといわざるを得ない。JR九州が収益力を上げるための施策を打つ一方で、JR北海道が赤字路線の運営に四苦八苦しながら、自然災害、事故の対応に追われる様子は対照的に映る。

自治体と廃線の交渉をし続ける様子を見ると、もはや一企業に課すには重すぎる責務を背負わせているように思えてくる。主要産業の変化に始まり、地域住民の減少に伴う乗客減、災害による路線不通、そしてコロナ禍による乗客減——。北海道の鉄道が経てきた歴史に対して起死回生の一手などなく、地道にひとつずつ「鉄道のあり方」を見直していくよりほかにない。

連休中は開店休業状態だった新幹線

地域の足となる在来線に対して都市間を結ぶ新幹線は、さらに大きなダメージを負っている。日本の大動脈と謳われる東海道新幹線の状況から見ていこう。

新幹線は旅行で使うか、ビジネスの出張で使うか、帰省などで使うか……在来線の利用に比べれば〝不要不急〟であることが多い。そのため、乗客数の増減が極端になる。旅行での利用が多いゴールデンウイーク期間中（4月26日前後から5月6日前後。年により異なる）の乗客数の推移を見てみると、2019年が313万人であるのに対して、2020年が19万人となった。実に95％減である（表1－19参照）。もはや開店休業状態だ。表1－19は、小田原～静岡間（こだまは新横浜～小田原間）の乗客数だが、東京からのぞみに乗って静岡で降りることはできないし、ひかりでもそこまで限定的な区間で乗り降りする人は限られるので、おおよそ新幹線の乗客数の規模と見てさしつかえないだろう。

ちなみに、東海道新幹線はのぞみ、ひかり、こだまが走っているが、わずかながら各駅停車のこだまのほうが減少率は低い。とはいえ、67万人が5万7０００人に減少しているので、傾向が見えるほどではない。

新幹線の合計では、２０１９年のゴールデンウイークが４５７万人。そして、コロナ禍が収まりそうもないと行動制限が強められた２０２０年が29万人。そして、感染者数は２０２１年のほうが多いのだが、ある程度状況への慣れもあり、乗客数は91万人にまで増えた。

感染者数は２０２２年1月から2月にかけて急拡大するのだが、ゴールデンウイークに向けて減少していった。そのためか、感染者数は２０２０年、２０２１年に比べ圧倒的に多いのだが、２０２２年は結果として３１０万人にまで増えている。２０１９年と比べると68％ほどまでに戻したことになる。

東海圏の在来線特急も軒並み90％以上減少

ここまでＪＲ旅客各社の在来線を紹介してきたが、ＪＲ東海のみ在来線のデータを公表しておらず、本章内で言及していなかった。ゴールデンウイーク期間中の在来線特急の利用状況は公表されているので、ここで紹介しておこう。

旅行客の出足に左右されるゴールデンウイークは、特急の乗客数も同様に大幅に減少している。２０１９年の在来線合計の乗客数が23万人。それが２０２０年には１万人にまで減少した。新幹線の減少率を上回る96％減である。特に観光客の多い御殿場駅を擁する御殿場線は、98％減となった。本路線を走る特急ふじさんは、小田急線とＪＲ東海の御殿場線を直通する列車であり、観光用の色合いがかなり強い。連休中はほぼ〝誰も乗っていない〟とさえいえる状況となった。

ＪＲ東日本とＪＲ西日本が、それぞれカシオペア、トワイライトエクスプレスを廃止し、クルーズトレインに舵を切った今、唯一となった寝台特急サンライズ瀬戸・出雲は7000人から1000人へ減り、88％減となっている。交通網が充実した現代において、寝台特急はほぼ100％がレジャーで利用されているといってさしつかえない。夜の街を楽しんだビジネスパーソンが深夜に大阪から東京に戻るという利用がゼロとはいえないが、ゴールデンウイーク中となるとその可能性は極めて低い（そもそも夜に店が開いていない）。その列車の乗客が88％減というのは、いかに2020年のゴールデンウイークの観光地が開店休業状態にあったかを示す数字といえる。

在来線特急は2022年のゴールデンウイークには13万人まで戻し、対2019年比では57％となっている。日々の生活とは異なるところで利用される列車だけに、乗客数は徐々にというより極端な動きを示しており、いずれ戻りそうな状況だ。

東海道新幹線が67％にまで戻っているのに比べると少々落ちるのが気がかりではあるが、同線はビジネス利用が約7割を占める。特にゴールデンウイーク中の特急は旅行客が多く、ビジネス利用のほうが先に高まっていると見れば、それほど懸念することではないのかもしれない。

【表1-19】JR東海の新幹線、特急のゴールデンウイーク期間の乗客数

線区	区間	列車	2019年度期間計(4/26〜5/6)	
			輸送量(千人)	前年比(%)
新幹線	小田原〜静岡	のぞみ	3,134	120
		ひかり	771	118
	新横浜〜小田原	こだま	673	111
新幹線合計			4,579	118
東海道	静岡〜浜松	サンライズ	7	107
	名古屋〜大垣	しらさぎ	34	121
中央	名古屋〜多治見	しなの	95	125
高山	美濃太田〜下呂	ひだ	52	126
紀勢	松阪〜紀伊長島	南紀	15	127
飯田	豊川〜本長篠	伊那路	3	116
御殿場	御殿場〜山北	ふじさん	14	138
身延	富士〜富士宮	ふじかわ	14	112
在来線合計			232	124
総合計			4,811	118

注：合計値は四捨五入の関係で合致しない

列車	2020年度期間計 (4/24～5/6)		2021年度期間計 (4/28～5/5)	
	輸送量 (千人)	前年比 (%)	輸送量 (千人)	前年比 (%)
のぞみ	194	5	621	511
ひかり	40	5	138	584
こだま	57	7	155	544
新幹線合計	292	6	915	526
サンライズ	1	12	4	585
しらさぎ	2	5	8	648
しなの	5	5	19	658
ひだ	1	2	8	1,042
南紀	1	4	3	782
伊那路	0	8	1	505
ふじさん	0	2	4	4,254
ふじかわ	1	7	4	568
在来線合計	11	4	50	736
総合計	303	6	964	534

注：合計値は四捨五入の関係で合致しない

列車	2022年度期間計（4/28〜5/8）		
	輸送量（千人）	前年比（%）	2019年度比（%）
のぞみ	2,223	296	71
ひかり	455	261	59
こだま	426	205	63
新幹線合計	3,104	274	68
サンライズ	7	137	100
しらさぎ	22	246	65
しなの	55	243	58
ひだ	24	232	46
南紀	7	222	47
伊那路	2	204	67
ふじさん	7	170	50
ふじかわ	9	173	64
在来線合計	133	220	57
総合計	3,237	271	67

注：合計値は四捨五入の関係で合致しない
出所：JR東海「ゴールデンウィーク期間のご利用状況」をもとに編集部作成

ちなみに東海3県（愛知、岐阜、三重）の高速道路の2020年ゴールデンウイーク中の交通量は61％減であった。普通車が71％減で、貨物用のトラックなどは8％減に留まっている。大幅減には違いないが、鉄道ほどではない。移動中の密を避けるという点では、「車であれば……」と考えた人がそれなりにいたということだろう。

東海道新幹線は通年でどれだけ減少したのか

ＪＲ東海は、東海道新幹線の輸送規模について輸送人キロで公表している。輸送人キロは25ページで説明したように、年間で乗客がどれだけの距離を乗ったかを示す数値だ。

2018年度の輸送人キロは562億人キロ、2019年度はコロナ禍の影響が出始めた2020年1～3月の影響が出て540億人キロとやや減少した。そして、2020年度は181億人キロに激減した。実に66・3％減に及ぶ。2021年度は257億人キロで、対前年比では38％増加したが、コロナ禍の影響がない2018年度との比較では55・3％減で、まだ半数に及ばない（表1－20参照）。

【表1-20】東海道新幹線の乗客数の推移

	輸送人キロ（人キロ）	平均通過人員（人）	対前年比（%）
2018年度	56,277,000,000	279,015	―
2019年度	54,009,000,000	267,770	96.0
2020年度	18,199,000,000	90,229	33.7
2021年度	25,176,000,000	124,820	138.3

出所：JR東海「単体決算、連結決算、輸送データの全年度のデータ」をもとに編集部作成

ただ、562億人キロと一口にいっても、数字が大きすぎてピンと来ない人も多いだろう。1億人が562km乗車すると562億人キロとなる。東京〜新大阪間が552・6kmなので、年間に5000万人が東京〜新大阪を1往復していると考えればイメージしやすいのではないだろうか。

また、ここまで平均通過人員で示してきたので、在来線と比較しやすいように東海道新幹線も平均通過人員で確認できるように算出した（平均通過人員＝輸送人キロ÷営業日数÷営業キロ）。

2018年は27万9015人で、首都圏の路線でいえば横浜線より4万人ほど多い規模である。ちなみに市人口でいえば福島市とほぼ同規模である。福島市の全住民が東京から新大阪に向かっていることになると

考えると、日本の大動脈としての位置づけがわかるだろう。

そんな巨大な規模の乗客数が2019年度は26万7770人と減り、2020年度は9万2229人と激減、2021年度は12万4820人と少し持ち直すかたちで推移している。

2020年度は、4月、5月は対前年比で10%ほどの乗客しかおらず、6月以降は30%前後で推移した。10月、11月が50%前後まで戻るも、12月以降30%前後で推移している。コロナ禍の状況は敏感に反映され、年間を通して大きく前後している。

東北、上越、北陸新幹線はいずれも65%前後減少

JR東日本が運行する東北、上越、北陸新幹線も、東海道新幹線と同程度の減り方をしている。東北新幹線（東京～新青森間）では、2018年度の平均通過人員は6万2284人。2020年度には2万5560人にまで落ち込み、減少率は67・0%となった。上越新幹線（大宮～新潟間）は4万6249人から1万6018人と65・4%減、北陸

新幹線（高崎～上越妙高間）が3万7056人から1万2702人と65・7％減と、増減率にあまり違いはない（表1－21参照）。2021年は対前年比で30％前後の増加で、38％増の東海道新幹線ほどは戻っていないようだ（表1－22参照）。

また、JR東日本は区間ごとの平均通過人員を公表しているため、区間ごとの様子も見ていこう。ひとつ言い添えると、東北新幹線の東京～大宮、大宮～宇都宮間の平均通過人員が多いのは、同じ線路を走る上越、北陸新幹線の乗客も含まれているためである。区間ごとの傾向として、東北新幹線は東京から新青森に向かうにつれて減少率が抑えられているが、2021年度になると一転して、新青森側の区間のほうが乗客数の戻りがかんばしくない。

山陽新幹線は減少率が控えめ

続いてJR西日本が運行する山陽新幹線、北陸新幹線の乗客の推移を見ていこう。

ここまで紹介した新幹線と大きくは変わらず、60％中盤の減少率を示している（表1

【表1-21】東北、上越、北陸新幹線の乗客数の減少率

路線・区間	平均通過人員（人）		減少率（%）
	2018年度	2020年度	
東北新幹線			
東京〜新青森	62,284	20,560	67.0
東京〜大宮	180,725	59,128	67.3
大宮〜宇都宮	120,571	41,489	65.6
宇都宮〜福島	87,901	26,260	70.1
福島〜仙台	68,748	22,878	66.7
仙台〜一ノ関	42,075	14,880	64.6
一ノ関〜盛岡	34,587	12,258	64.6
盛岡〜八戸	17,086	6,593	61.4
八戸〜新青森	11,556	4,516	60.9
上越新幹線			
大宮〜新潟	46,249	16,018	65.4
大宮〜高崎	108,697	40,797	62.5
高崎〜越後湯沢	30,693	8,815	71.3
越後湯沢〜新潟	22,497	7,312	67.5
北陸新幹線			
高崎〜上越妙高	37,056	12,702	65.7
高崎〜長野	43,278	15,013	65.3
長野〜上越妙高	24,781	8,144	67.1

出所：JR東日本「路線別ご利用状況」をもとに編集部作成

【表1-22】東北、上越、北陸新幹線の乗客数の増加率

路線・区間	平均通過人員（人）		増加率（%）
	2020年度	2021年度	
東北新幹線			
東京～新青森	20,560	26,480	28.8
東京～大宮	59,128	75,800	28.2
大宮～宇都宮	41,489	53,131	28.1
宇都宮～福島	26,260	35,452	35.0
福島～仙台	22,878	29,545	29.1
仙台～一ノ関	14,880	18,237	22.6
一ノ関～盛岡	12,258	15,018	22.5
盛岡～八戸	6,593	7,994	21.2
八戸～新青森	4,516	5,410	19.8
上越新幹線			
大宮～新潟	16,018	21,596	34.8
大宮～高崎	40,797	52,652	29.1
高崎～越後湯沢	8,815	13,559	53.8
越後湯沢～新潟	7,312	9,994	36.7
北陸新幹線			
高崎～上越妙高	12,702	16,931	33.3
高崎～長野	15,013	20,007	33.3
長野～上越妙高	8,144	10,863	33.4

出所：JR東日本「路線別ご利用状況」をもとに編集部作成

－23参照）。また、区間ごとに見ると東北新幹線と似た構図があり、山陽新幹線では新大阪から離れるほど、北陸新幹線では東京から離れるほど、減少率は抑えられている。

ＪＲ九州が運行する九州新幹線の減少率は60％を切っており、新幹線路線のなかでは最も減少率が抑えられた（表1－26参照）。ただし、２０２１年になっても10％台半ばまでしか戻らず、離れた客が戻ってくるのか懸念される。

在来線が厳しい環境にあるＪＲ北海道は、新幹線でも苦戦している。新幹線のなかで最も高い減少率となり、さらには２０２１年の増加率は最も低い（表1－25参照）。ＪＲ北海道は２０１８年時点で在来線のみならず、新幹線も赤字である。新幹線は乗客数が戻るだけでなく、増加していくことが大命題なのだ。悲願の新幹線開業から7年が経とうとしているが、２０２３年の結果次第では、さらなる窮地に立たされる。

都市間で活発な人の動きがあってこそ、経済も活性化していく。北海道新幹線の乗客が戻らないようでは、北海道の経済にも影響が出てくるだろう。

国内経済全体で見ると、日本の大動脈である東海道新幹線の乗客数の推移は日本のＧＤＰの推移とおおよそリンクしている。つまり、東海道新幹線に多くの乗客が乗ってい

【表1-23】山陽新幹線の乗客数の減少率

路線・区間	平均通過人員（人／日）		減少率（%）
	2018年度	2020年度	
山陽新幹線			
新大阪～博多	84,755	30,680	63.8
新大阪～岡山	120,877	40,832	66.2
岡山～広島	94,785	35,196	62.9
広島～博多	57,868	22,218	61.6
北陸新幹線			
上越妙高～金沢	23,001	8,224	64.2
上越妙高～富山	23,666	7,913	66.6
富山～金沢	21,753	8,807	59.5

出所：JR西日本「区間別平均通過人員および旅客運輸収入」をもとに編集部作成

【表1-24】山陽新幹線の乗客数の増加率

路線・区間	平均通過人員（人／日）		増加率（%）
	2020年度	2021年度	
山陽新幹線			
新大阪～博多	30,680	38,795	26.5
新大阪～岡山	40,832	52,695	29.1
岡山～広島	35,196	43,825	24.5
広島～博多	22,218	27,825	25.2
北陸新幹線			
上越妙高～金沢	8,224	10,177	23.7
上越妙高～富山	7,913	10,105	27.7
富山～金沢	8,807	10,312	17.1

出所：JR西日本「区間別平均通過人員および旅客運輸収入」をもとに編集部作成

【表1-25】北海道新幹線の乗客数の増減率

区間	2018年度	2020年度	減少率
新青森〜新函館北斗	4,899	1,453	70.3

区間	2020年度	2021年度	増加率
新青森〜新函館北斗	1,453	1,635	12.5

出所：JR北海道「線区別の収支とご利用状況」をもとに編集部作成

【表1-26】九州新幹線の乗客数の増減率

区間	2018年度	2020年度	減少率（%）
博多〜鹿児島中央	19,275	8,235	57.3
博多〜熊本	27,986	11,939	57.3
熊本〜鹿児島中央	13,226	5,663	57.2

区間	2020年度	2021年度	増加率（%）
博多〜鹿児島中央	8,235	9,507	15.4
博多〜熊本	11,939	13,625	14.1
熊本〜鹿児島中央	5,663	6,648	17.4

出所：JR九州「線区別ご利用状況」をもとに編集部作成

るということは日本経済が元気であることを示しているのだ。さすがにGDPが東海道新幹線と同じように8割減まで落ち込むことはないが、2020年のGDPは減少し、2021年は持ち直すも2018年の規模には達していない。

地域のなかで人が動き、そして都市間で人が動き出すようになるころ、日本経済も元気を取り戻すのだ。

第2章　駅は街のランドマークであり続けられるのか

——駅の利用者はどれくらい減ったのか

駅は街の心臓のようなもの

国内を線路が血管のように張り巡らされ、その血管を通って血のように走り続けるのが列車である。自治体や沿線住民が廃線に反対するのは、その地域を行き交う血が止まってしまうからだ。すなわち列車が走り続けることが、その地域が生きていることの証なのである。

であれば、駅はその血を送り出す心臓のようなものだ。その地域の中心となる目印として、つまり地域のランドマークとして人が集まり、そこから街へ出ていく。

乗客が減れば、駅を利用する人も減る。そうすれば、駅はランドマークであり続けるのはむずかしい。いったい駅の利用者はどの程度減ったのか。本章ではその実情を見ていく。

山手線の駅全体で37・3％減

国内で屈指の乗降客数を誇る駅が連なる山手線。東京都の中心部を、楕円を描くように走る環状線だ。距離は34・5kmで、30駅がある。山手線の乗客は2018年から2020年にかけて36・5％減っているので、各駅もその程度減少していると考えられるが、実際はどうなのだろうか。

結論からいうと、山手線駅全体の乗降客数は37・3％減少している（表2－1参照）。

山手線の駅の利用者のほうが、減少率が若干だが高い。

山手線の駅は、同時に東海道線や埼京線、東北本線（京浜東北線）の駅でもあるので、それら路線の乗客が利用している分で若干高くなったものと考えられる。

また、1章で山手線を紹介する際も説明しているが、運行上、山手線は環状しているものの、厳密には品川から新宿を経由し、田端に向かうまでが「山手線」として数値が計算されている。東京～品川間は東海道線に含まれて計算されるので、そのあたりの誤差が出ているものと考えられる。

いずれにせよ、山手線は列車に乗っている客、駅を利用する客、ともに35％前後減っているわけだ。

ただし、駅ごとの減少率は少なからず差がある。

表２－１は、ＪＲ東日本が公表している駅ごとの乗車人員を2倍にしている。その駅で乗車した人は、大半がその駅で降りた人だ。駅をどのくらいの人数が利用しているのか、その規模をわかりやすくするために、乗降客数とした。

その表を見てみると、２０１８年の山手線の乗降客数は1日あたり１０９３万人。東京23区の人口（９７１万人。２０２２年9月時点）に匹敵するような人数が、毎日山手線30駅で乗り降りしていることになる。首都圏の鉄道について話をするとき、こうした〝途方もない人数〟が度々出てくるが、鉄道ビジネスはこの〝途方もない人数〟を運ぶ大量輸送によって利益を出している。

２０２０年度は山手線駅全体で６８５万人にまで減っており、37・３％減となった。まだ７００万人弱の人たちが利用していると考えれば、すごい人数だが、37・７％減はビジネスのあり方が変わってくる数字だ。

最も乗降客数が減ったのは原宿駅

ひと口に山手線駅の駅といっても、駅ごとに性格が大きく違ってくる。ターミナルからビジネス街の中心となる駅、住民の利用が多い駅とさまざまだ。

そうしたなかで最も乗降客数を減らした駅は原宿駅だ。２０１８年度の１日あたりの乗降客数は15万６８２人。それが２０２０年度は８万２１６０人にまで減少した。減少率にして45・５％となり、おおよそ半分にまで減ったことになる。

もともと原宿駅は、首都圏内の駅ではそれほど乗降客数が多い駅ではない。山手線駅のなかでは21番目、ＪＲ東日本の駅では78番目となる。規模が小さいために、ある傾向が強まると数字に反映されやすい。若者が多く利用する駅として知られるが、彼ら若者が外出を控えたことがまず乗降客数減の理由だろう。

当駅は２０１８年度において定期による乗車人員が２万３６７２人いた（乗降客数では２倍の４万７３４４人）。一方の定期外の乗車人員は５万１６６９人。つまりは、会社や学校に通う人ではなく、乗車券を買って通う人が２倍以上多い駅である。

【表2-1】JR東日本山手線駅の乗降客数の減少率

駅名	乗降客数（人）			減少率（％）（2018年度～2020年度）
	2018年度	2020年度	2021年度	
原宿	150,682	82,160	92,910	45.5
目白	76,380	43,072	52,650	43.6
品川	766,884	441,860	425,004	42.4
東京	934,330	542,216	565,276	42.0
渋谷	741,712	444,300	497,010	40.1
有楽町	346,006	207,518	205,570	40.0
新宿	1,578,732	954,146	1,044,356	39.6
上野	376,340	228,128	244,170	39.4
新大久保	102,876	62,518	71,444	39.2
秋葉原	504,534	312,204	323,058	38.1
代々木	140,958	87,280	91,866	38.1
新橋	563,942	350,736	334,812	37.8
大崎	346,272	217,684	207,466	37.1
目黒	231,120	145,314	149,320	37.1
浜松町	324,286	205,326	193,866	36.7
恵比寿	295,398	188,004	198,272	36.4
五反田	282,702	184,508	187,368	34.7
高田馬場	423,374	279,088	301,468	34.1
田町	310,728	205,408	196,426	33.9
池袋	1,133,988	752,700	815,880	33.6
日暮里	230,184	154,616	164,230	32.8
神田	212,182	143,744	143,648	32.3
御徒町	141,074	96,490	99,442	31.6
鶯谷	52,296	35,826	37,780	31.5
巣鴨	154,398	105,910	113,474	31.4
駒込	99,082	70,490	74,118	28.9
西日暮里	201,880	144,428	153,112	28.5

駅名	乗降客数（人）			減少率（%）（2018年度～2020年度）
	2018年度	2020年度	2021年度	
田端	94,880	68,556	69,832	27.7
大塚	117,852	86,330	88,786	26.7
高輪ゲートウェイ	—	13,570	15,734	—
計	10,935,072	6,854,130	7,158,348	37.3

注1：乗降者数はJR東日本発表の乗車人員×2で算出。
注2：高輪ゲートウェイ駅は2020年3月14日に開業。

出所：JR東日本「各駅の乗車人員」をもとに編集部作成

【表2-2】原宿駅と大崎駅の減少率の比較

原宿駅

年度	定期外：人（定期外比率）	減少率（%）	定期：人（定期比率）	減少率（%）	乗車人員合計
2018	51,669（68.6%）	—	23,672（31.4%）	—	75,341
2020	24,058（58.6%）	53.4	17,021（41.4%）	28.1	41,080

大崎駅

年度	定期外：人（定期外比率）	減少率（%）	定期：人（定期比率）	減少率（%）	乗車人員合計
2018	59,062（34.1%）	—	114,074（65.9%）	—	173,136
2020	31,200（28.7%）	47.2	77,642（71.3%）	31.9	108,842

出所：JR東日本「各駅の乗車人員」をもとに編集部作成

ちなみに、山手線駅でもビジネス街としての性格が強い大崎駅では、定期外客が5万9062人、定期客が11万4074人いる。定期を使って大崎駅に通う人が乗車券で通う人の約2倍に及ぶということだ。この大崎駅と原宿駅との比較で、原宿駅の特徴がおおよそわかってもらえるのではないだろうか。

原宿駅について、さらに付け加えると、2020年の定期客の乗車人員は1万7021人、定期外客は2万4058人。2018年の定期客が2万3672人、定期外客が5万1669人なので、定期外客が53・4％減り、定期客が28・1％減っている。

つまり、定期で来る人ではなく、定期外＝普通乗車券で来る人が減っている。この傾向は大崎駅でも見てとれる。その構図があるため、定期外客の割合が多い駅は、結果的に減少率が高くなる傾向になる。また、それと併せて、定期客の比率が高くなる。

定期を使っている人は、その駅周辺に自分が所属する会社や学校などがある。それに比べて定期外（普通乗車券）の人は営業先の訪問だったり、遊ぶためであったりするわけだが、一般論でいえば定期外のほうが〝不要不急〟の度合いは高いだろう。

2018年度の山手線駅で最も定期外比率が高い駅が原宿駅であった。実に68・6％

に及ぶ。２０２０年度の定期外比率は58・６％まで下がったが、それでも依然として高い。２０２０年度はＪＲ東日本の乗車人員上位１００駅のなかで、定期外が50％を超える駅は８つしかなく、いかに原宿駅が定期外での利用者が多いかわかる。

山手線で定期外50％を超える駅はほかに上野駅、秋葉原駅のみ。それぞれ39・４％、38・１％と山手線全体より減少率が高くなった。

コロナ禍で伸び悩む高輪ゲートウェイ駅

２０２０年3月に華々しくデビューした山手線の新駅、高輪ゲートウェイ駅。山手線では１９７１年に開業した西日暮里駅以来となる、半世紀ぶりの新駅である。単なるひとつの新駅ではなく、ＪＲ東日本としては重要な戦略をもたせた肝入りの新駅だ。駅として様々な技術を導入しており、斬新な駅舎デザインもあって旧来の駅のイメージとは一線を画す最先端の駅である。

しかし、利用者数は伸び悩んでいる。山手線のなかでは群を抜いて利用者が少なく……というよりも、東京都内の駅のなかで見ても少なく、2021年度は越中島駅（4404人）、上中里駅（6157人）に次いで7867人で3番目の少なさだ。この乗車人員は秋田駅や前橋駅と同規模である。余談ながら、駅名の公募に6万4000件超の応募があるほどに注目された駅としては、さみしい状況だ。

当駅周辺は開発が進められており、当駅にとっての〝本番〟はまだ先なのだが（実際にJR東日本も、2024年度を本開業としている）、2020年度は1日2万3000人の乗車人員を見込んでいたことを考えると、悠長には構えていられない。

その最大の理由は、いわずもがなコロナ禍なのだが、当駅は直接的に影響を受けている。本番はまだ先としながら、2020年3月に開業したのは、東京五輪開催に合わせたためだ。また駅前の広場を利用して五輪のパブリックビューイングなどを設置する会場としても予定されたが、それもとりやめとなり、存在感を示す機会を失った。

駅周辺の施設はまだ開業しておらず、今のところ品川駅と田町駅の中間あたりに会社がある人の通勤が多少便利になった……くらいしかメリットがない。

2021年にかけて乗車人員は15％ほど増えているが、それでも開業1年目に見込んだ乗車人員の3分の1ほどだ。

世界最大のターミナル新宿駅の利用者は39・6％減

山手線では、ターミナルとなる品川駅、東京駅、新宿駅が高い減少率を示した。40％前後減少しており、特に国内最大の乗降客数を誇る新宿駅は1日延べ60万人もの人が駅からいなくなっている。埼玉県川口市の人口（59万1738人：2022年10月時点）と匹敵する人数であり、こうなると新宿駅周辺の飲食店は頭を抱えざるをえない。

また、多くが2021年度に乗降客数を増やしているなか、品川駅は4％ほど減っている。2019年度から2021年度にかけて定期の乗車人員が22万2727人、14万5447人、12万5579人と目に見えて減っており、品川駅周辺の企業ではテレワークが定着していることが伺える。46％も減少しており、テレワーク中の企業が以降も同様の方針をとるようであれば、周辺の店舗はビジネスパーソン向けの営業スタイルの変更を強いられるレベルだ。

テレワークの点では、東京駅も同様の傾向がある。定期の乗車人員は2019年度から2021年度にかけて24万8434人、17万9228人、15万7750人と推移しており、34％減少している。それでも駅全体の乗降客数がプラスに転じているのは、新幹線の利用客が戻ってきているためであろう。

JR東日本の駅で減少率ワーストは舞浜駅

では、首都圏全体を見たときに、最も乗車人員が減った駅はどこなのか。

JR東日本の首都圏の駅の乗車人員上位100駅の状況を見ていくと、2020年度に最も減ったのは舞浜駅で51・3％減であった（表2－3参照）。

舞浜駅は、国内屈指の集客施設である東京ディズニーリゾートの最寄り駅であり、同園への客が減ったことが最大の要因だ。舞浜駅は先述の原宿駅に次ぐ、定期外客の多い駅である。2018年度は64・2％が定期外であり、2020年にはその比率が45・9％にまで減っている。

次いで減少したのは水道橋駅だ。49・9%減少しており、おおよそ半分にまでなった。この駅を最寄りとするのが1つのイベントで5万人を集客する東京ドームである。イベントが軒並み中止となり、またプロ野球の試合では観客数の制限がかけられ、それに伴い当駅の乗車人員も大幅減となった。

以降、先述した原宿、品川、東京駅と続くが、次いで減らしているのが海浜幕張駅である。41・2%減となった。周辺はイオンの本社ビルなどが並ぶビジネス街であると同時に幕張メッセ、ZOZOマリンスタジアムなど集客施設が複数ある。それらの施設の客足が遠のいたことで乗車人員を減らした。

海浜幕張駅は2018年度時点では定期外客が45・1%を占めたが、2020年度は29・8%にまで減っている。駅前はビジネスパーソンが多く歩く街に一時的だが変わったわけだ。

以降はビジネス街が多く減り、ベッドタウンは減少率が抑えられている。ちなみに、乗車人員上位100駅のなかで、首都圏以外でランクインするのは仙台駅のみ。32・2%減で、首都圏主要駅より減少率はやや抑えられている。

【表2-3】JR東日本の首都圏で減少率が高い駅(2020年度)

駅名	定期外:人 (定期外比率:%)	定期:人 (定期比率:%)	合計	減少率 (%) 2018年 度比
舞浜	17,610(45.9)	20,785(54.1)	38,395	51.3
水道橋	14,614(35.7)	26,265(64.3)	40,879	49.9
原宿	24,058(58.6)	17,021(41.4)	41,080	43.4
品川	75,483(34.2)	145,447(65.8)	220,930	41.5
東京	91,879(33.9)	179,228(66.1)	271,108	41.4
海浜幕張	11,946(29.8)	28,127(70.2)	40,073	41.2
渋谷	94,724(42.6)	127,425(57.4)	222,150	39.3
飯田橋	16,655(30.0)	38,833(70.0)	55,488	38.6
新宿	185,107(38.8)	291,966(61.2)	477,073	38.5
大崎	31,200(28.7)	77,642(71.3)	108,842	38.5
新木場	14,736(30.3)	33,928(69.7)	48,664	38.3
有楽町	35,814(34.5)	67,945(65.5)	103,759	38.1
上野	45,644(40.0)	68,419(60.0)	114,064	37.6
浜松町	27,614(26.9)	75,049(73.1)	102,663	37.3
代々木	19,242(44.1)	24,397(55.9)	43,640	37.3
秋葉原	68,507(43.9)	87,594(56.1)	156,102	37.1
新横浜	15,543(37.8)	25,545(62.2)	41,089	37.1
新橋	50,232(28.6)	125,136(71.4)	175,368	37.0
市ケ谷	11,204(28.3)	28,420(71.7)	39,625	36.8
目黒	29,268(40.3)	43,388(59.7)	72,657	36.0
御茶ノ水	21,596(32.5)	44,933(67.5)	66,530	35.8
恵比寿	40,195(42.8)	53,806(57.2)	94,002	35.5
田町	26,684(26.0)	76,019(74.0)	102,704	35.3
五反田	34,057(36.9)	58,197(63.1)	92,254	34.2
四ツ谷	18,387(28.3)	46,653(71.7)	65,040	34.2
高田馬場	49,064(35.2)	90,480(64.8)	139,544	32.9
大井町	24,193(34.4)	46,236(65.6)	70,429	32.7

駅名	定期外：人（定期外比率：%）	定期：人（定期比率：%）	合計	減少率（%）2018年度比
池袋	137,874(36.6)	238,475(63.4)	376,350	32.6
神田	23,990(33.4)	47,882(66.6)	71,872	32.6
日暮里	28,539(36.9)	48,769(63.1)	77,308	32.4
菊名	11,967(32.9)	24,388(67.1)	36,355	32.4
中野	35,465(34.3)	67,819(65.7)	103,284	31.6
武蔵小杉	30,513(34.3)	58,480(65.7)	88,994	31.1
新浦安	10,853(27.6)	28,524(72.4)	39,377	31.1
武蔵境	14,149(29.7)	33,448(70.3)	47,597	30.9
横浜	94,776(32.6)	195,599(67.4)	290,376	30.8
御徒町	18,490(38.3)	29,755(61.7)	48,245	30.7
巣鴨	19,286(36.4)	33,668(63.6)	52,955	30.5
関内	15,211(39.5)	23,303(60.5)	38,514	30.4
桜木町	19,629(39.6)	29,890(60.4)	49,519	30.1
吉祥寺	39,793(40.1)	59,525(59.9)	99,319	30.0
国分寺	23,621(30.1)	54,800(69.9)	78,422	30.0
町田	27,309(35.1)	50,412(64.9)	77,722	29.9
錦糸町	29,747(40.0)	44,595(60.0)	74,343	29.7
八王子	21,840(37.2)	36,920(62.8)	58,760	29.7
さいたま新都心	12,098(30.8)	27,186(69.2)	39,284	29.6
浅草橋	12,505(32.9)	25,553(67.1)	38,059	29.4
登戸	18,354(31.1)	40,663(68.9)	59,017	28.8
蒲田	32,179(31.1)	71,285(68.9)	103,465	28.6
橋本	15,349(32.7)	31,568(67.3)	46,918	28.2
国立	11,507(29.9)	27,006(70.1)	38,513	28.1
駒込	12,883(36.6)	22,361(63.4)	35,245	27.9
三鷹	21,510(30.1)	49,888(69.9)	71,399	27.7
西日暮里	25,289(35.0)	46,925(65.0)	72,214	27.6
大森	23,017(32.9)	46,839(67.0)	69,857	27.5

駅名	定期外：人（定期外比率：%）	定期：人（定期比率：%）	合計	減少率（%）2018年度比
北千住	39,303（24.4）	121,968（75.6）	161,271	27.2
田端	13,057（38.1）	21,221（61.9）	34,278	27.1
立川	48,716（39.9）	73,316（60.1）	122,033	26.8
長津田	14,216（31.7）	30,573（68.3）	44,789	26.8
大宮	59,175（31.4）	129,400（68.6）	188,576	26.7
大塚	17,637（40.9）	25,527（59.1）	43,165	26.7
戸塚	20,901（25.2）	61,915（74.8）	82,817	26.4
荻窪	23,912（35.6）	43,318（64.4）	67,231	26.0
武蔵溝ノ口	21,161（33.2）	42,634（66.8）	63,796	26.0
北朝霞	15,286（29.2）	37,015（70.8）	52,301	25.9
王子	14,323（30.3）	32,998（69.7）	47,322	25.9
高円寺	15,942（41.7）	22,306（58.3）	38,249	25.9
川崎	55,466（34.7）	104,335（65.3）	159,802	25.8
南浦和	14,937（33.4）	29,777（66.6）	44,714	25.7
大船	22,436（30.5）	51,199（69.5）	73,636	25.6
辻堂	12,816（29.0）	31,373（71.0）	44,189	25.6
藤沢	23,749（29.3）	57,316（70.7）	81,065	25.5
南越谷	17,414（30.9）	38,940（69.1）	56,354	25.3
平塚	11,523（25.3）	34,023（74.7）	45,546	25.3
茅ケ崎	11,536（27.7）	30,147（72.3）	41,684	25.3
津田沼	20,233（26.3）	56,653（73.7）	76,886	25.2
松戸	21,495（28.7）	53,318（71.3）	74,813	25.2
西船橋	35,625（34.3）	68,321（65.7）	103,947	25.0
市川	14,073（30.5）	32,096（69.5）	46,169	25.0
赤羽	28,265（38.3）	45,577（61.7）	73,842	24.9

出所：JR東日本「各駅の乗車人員」をもとに編集部作成

関西圏の駅利用者は26・9％減に留まる

首都圏に引き続き、関西圏の駅の状況はどうだろうか。ここでは、ＪＲ西日本の乗車人員上位50の駅の推移を見ていく（表２－４参照）。ＪＲ東日本は乗車人員上位がほぼ首都圏であったが、ＪＲ西日本の場合は中国地方の主要都市も入ってくる。併せて紹介していこう。

２０１９年度の乗車人員上位50の駅の合計は２６１万９１７８人。２０２０年度は１９１万３６６０人で26・９％減となった。首都圏に比べると、駅の利用者数の減少は抑えられている。

まず、最も減少率の高かったのはユニバーサルシティ駅で56・１％減。ユニバーサル・スタジオ・ジャパンの最寄り駅であり、東京ディズニーリゾートの最寄りとなる舞浜駅とほぼ同じ構図だ。ただし、舞浜駅は駅を挟んで住宅街があり、そこの住民の利用もあるため、ユニバーサルシティ駅のほうが減少率は５・２％高い。

次いで減少率が高いのが京都駅である。34・８％減となった。首都圏は40％台、30％

【表2-4】JR西日本の乗車人員上位の駅の減少率

駅名	乗車人員			減少率(%)
	2019年度	2020年度	2021年度	2019年度から2020年度
ユニバーサルシティ	29,996	13,179	17,032	56.1
京都	195,082	127,178	130,294	34.8
広島	77,042	50,745	52,433	34.1
新大阪	69,089	46,284	49,564	33.0
岡山	69,325	46,763	48,982	32.5
大阪	422,685	290,317	294,979	31.3
鶴橋	97,952	67,340	73,006	31.3
南草津	30,443	21,172	23,148	30.5
JR難波	23,944	16,754	—	30.0
大正	25,357	17,983	18,824	29.1
京橋	131,370	94,147	96,779	28.3
三ノ宮	125,134	91,978	97,117	26.5
姫路	51,763	38,020	40,279	26.5
天満	26,377	19,457	19,392	26.2
西九条	31,176	23,064	24,867	26.0
新今宮	66,288	49,240	51,437	25.7
天王寺	146,163	108,718	113,905	25.6
茨木	48,243	36,110	37,859	25.1
福島	30,106	22,588	22,964	25.0
山科	34,963	26,353	28,426	24.6
森ノ宮	24,962	19,008	19,397	23.9
摂津本山	22,028	16,879	17,732	23.4
宝塚	29,710	22,798	22,167	23.3
北新地	50,397	38,686	37,377	23.2

駅名	乗車人員			減少率(%) 2019年度から2020年度
	2019年度	2020年度	2021年度	
神戸	72,517	55,742	52,801	23.1
弁天町	34,489	26,692	27,645	22.6
元町	35,932	28,228	28,372	21.4
吹田	22,896	18,080	19,098	21.0
明石	53,486	42,275	43,087	21.0
六甲道	26,441	20,927	22,145	20.9
高槻	64,879	51,468	52,220	20.7
住道	30,999	24,586	25,089	20.7
石山	24,103	19,236	18,953	20.2
芦屋	27,135	21,715	22,173	20.0
加古川	23,989	19,251	19,871	19.8
王寺	24,076	19,405	19,857	19.4
伊丹	25,047	20,234	20,683	19.2
草津	29,569	23,947	25,182	19.0
三国ケ丘	24,227	19,689	20,623	18.7
大阪天満宮	25,221	20,570	20,652	18.4
住吉	35,612	29,169	29,781	18.1
尼崎	45,927	37,656	38,064	18.0
垂水	31,948	26,279	26,300	17.7
西明石	32,049	26,379	26,797	17.7
兵庫	22,333	18,487	18,717	17.2
立花	24,991	20,761	20,809	16.9
新長田	21,717	18,123	18,840	16.5
合計	2,619,178	1,913,660	1,955,719	26.9

出所：JR西日本「データで見るJR西日本」をもとに編集部作成

台後半の減少率の駅があるのに対して、関西圏はそうした駅がない。次いで広島駅が34・1%、新大阪駅が33・0%、岡山駅が32・5%、大阪駅が31・3%、それぞれ減少している。西日本の主要都市の中心となる駅の減少率が高く、以降、大半が20%台の減少率に留まる構図となった。ベッドタウンはおおよそ10%台に留まる。

JR西日本の大阪中心部を走る路線は、首都圏の主要路線と比べて減少率がそれほど高くない。大阪環状線が31・6%、神戸線が27・7%、福知山線が26・5%と、決して低くはないが高くもないといった具合だ。そのため、関西の中心部にある駅の利用者もそれほど極端には減っていない。

地方の地下鉄の減少率は低め

地方路線、なかでも都市部は首都圏と同じように35%前後減少している傾向があった。では、駅の乗車人員はどうだろうか。

福岡市地下鉄の七隈線を例に見てみよう。七隈線は2005年に開業した、比較的新

【表2-5】福岡市地下鉄七隈線の駅の減少率

駅名	乗車人員（人）			減少率（%）2019年～2020年度
	2019年度	2020年度	2021年度	
橋本	4,361	3,069	3,284	29.6
次郎丸	3,181	2,425	2,520	23.8
賀茂	3,226	2,483	2,584	23.0
野芥	4,118	3,168	3,266	23.1
梅林	1,703	1,224	1,248	28.1
福大前	7,122	3,040	4,694	57.3
七隈	5,131	2,695	3,601	47.5
金山	3,120	2,386	2,451	23.5
茶山	2,552	1,877	2,035	26.4
別府	6,106	4,331	4,450	29.1
六本松	7,156	5,393	5,911	24.6
桜坂	1,935	1,388	1,540	28.3
薬院大通	3,042	2,248	2,390	26.1
薬院	10,189	6,718	8,239	34.1
渡辺通	3,660	2,792	2,934	23.7
天神南	26,463	16,585	18,452	37.3
合計	93,065	61,822	69,599	33.6

出所：福岡市地下鉄「令和4年度　概要パンフレット」をもとに編集部作成

しい路線だ。福岡市の繁華街から住宅地に向けて走る。

路線の16駅全体で見ると、2019年度の乗車人員は9万3065人。翌2020年には6万1822人で33・6％減少している（表2－5参照）。そして、2021年には12・5％増の6万9599人に戻した。この傾向は首都圏路線の駅と大きく変わりはない。

駅別に見ると、福大前駅が57・3％減少しており、突出している。福大前駅は文字通り福岡大学の前にある駅で、通学する学生が減ったことによるものだ。七隈駅も減少率は高いが、こちらも福大前駅に引き続き学生街で、学生の往来が減ったことが原因である。

乗車人員が多い天神南駅、薬院駅は30％台中盤の減少率だが、ほかは20％台で極端に減ってはいない。都市部で車通勤は負担となるビジネスパーソンが引き続き電車で通勤している状況が伺える。

乗車人員2位の駅が大幅減となったJR北海道

地方の各路線の乗車人員が上位の駅においては、減少率は30％以内に収まる傾向にある。

ここからは、そのほかのJR旅客各社、私鉄の状況について紹介していく。

まず、JR北海道については、都市部の駅はコロナ禍でも比較的利用されている。2019年から2020年にかけて、中心となる札幌駅が34・2％と首都圏主要駅並みの減少率となったが、そのほかは20％台に留まった。

そのなかで唯一大幅減となったのが、新千歳空港駅だ。63・0％減少しており、他社の空港の最寄り駅と同様に60％台で減少している。ただし、他社と違うのは、JR北海道において、新千歳空港駅は乗車人員の数が札幌駅に次いで2番目にあたる非常に重要な駅という点だ。運輸収入が最も高い千歳線の主要駅といえる新千歳空港駅で乗客を減らしているのは、JR北海道全体の運輸収入で見た際に影響が大きい。

【表2-6】JR北海道の乗車人員上位の駅の減少率

駅名	乗車人員（人／日）			減少率（%）2019年度から2020年度
	2019年度	2020年度	2021年度	
札幌	98,122	64,571	66,153	34.2
手稲	15,273	11,142	11,568	27.0
新札幌	14,421	10,305	11,021	28.5
琴似	11,592	8,977	8,939	22.6
桑園	10,577	8,504	8,613	19.6
新千歳空港	17,710	6,546	8,526	63.0
千歳	9,075	6,808	6,905	25.0
白石	8,418	6,622	6,556	21.3
北広島	7,705	6,017	5,958	21.9

出所：JR北海道「駅別乗車人員上位10駅」をもとに編集部作成

新幹線駅の影響が大きく出るＪＲ東海

引き続き、ＪＲ東海の乗車人員上位の駅の状況を見ていく。

駅の乗車人員については、公表されているデータが各社まちまちであるため、データのまとめ方が異なる点をご容赦いただきたい。ＪＲ東海においては、新幹線駅と在来線駅を合せたうえで１日あたりの乗車人員上位の駅を示した（表２－７参照）。

２０１９年度時点では、上位10駅のうち８駅が新幹線の停車駅である。うち名古屋駅、静岡駅、浜松駅はＪＲ東海の在来線の駅でもある。在来線のみの駅は金山、刈谷駅のみだ。

減少率が最も高いのは、東海道新幹線の東京駅だ。65・３％減少で、新幹線の乗客数の減少率とおおよそ同じになる。次いで減ったのが新大阪駅で、50・８％減少している。新大阪駅は山陽新幹線の乗客も利用することになるが、同線は東海道新幹線に比べると減少率は低いため、その点が反映されて、東京駅より乗車人員が減らなかった。

乗車人員自体が最も多いのは名古屋駅で、２０１９年度は21・６万人がいた。それが

【表2-7】JR東海の乗車人員上位の駅の減少率

駅名	乗車人員(万人)			減少率(%) 2019年度から2020年度
	2019年度	2020年度	2021年度	
名古屋	21.6	12.8	14.3	40.7
東京	9.8	3.4	4.7	65.3
新大阪	5.9	2.9	3.9	50.8
金山	7.1	5.2	5.7	26.8
静岡	5.9	4	4.3	32.2
浜松	3.7	2.2	2.5	40.5
京都	3.7	—	—	—
刈谷	3.7	2.7	2.5	27.0
品川	3.6	—	—	—
新横浜	3.3	—	—	—

出所：JR東海「ファクトシート」をもとに編集部作成

2020年度は12・8万人で40・7％減となっている、新宿駅が39・6％減だから、それとほぼ同じような減り方だ。ただし、名古屋駅の場合は新幹線も停車するので、新幹線の乗客数大幅減にあって、この数値に留まったということは、在来線は比較的利用されていたことを示す。

ほかの愛知県内の主要駅である金山駅、刈谷駅の減少率も26～27％に収まっている。また、静岡駅、浜松駅も名古屋駅と同様の理由で、それぞれ40・5％、32・2％に収まったものと考えられる。

一方、京都駅、品川駅、新横浜駅の新幹線駅は、大幅減で乗車人員上位10駅から脱落してしまった。京都駅の62・2％減をはじめ、品川駅、新横浜駅も50％台の減少率となった。新幹線に大いに比重を置いているJR東海としては、東海地区の駅より関東、関西の主要駅の減少が経営的には痛手となる。

減少率30％以内に留まったJR四国の主要駅

JR四国は主要路線で乗客を大きく減らしたが、駅の乗車人員は、ほかのJR旅客各社と比べると減少率は抑えられている（表2－8参照）。主要路線は特急が走っているが、その特急の乗客＝長距離を移動する客が減ると平均通過人員が下がるため、短距離での乗車は比較的継続されていたと考えられる。

30％以上減っている駅は徳島駅、松山駅のみで、多くが20％台から10％台中盤の減少率となった。高松駅、高知駅は県内の中心駅であるが、それぞれ28・4％、24・4％に留まっている。乗客はほかのＪＲ旅客各社と比べると小規模なものの、災害が起こっても別の交通手段を選べず（選ばず）、引き続き鉄道を利用しなくてはならない人たちがいるということでもあるだろう。

２０２１年度になっても乗車人員は増えることなく横這いの駅が多いが、今乗っている人たちは今後もなお利用する人たちと考えれば、これらの数字は決して軽んじて語るべきではないと思わされる。

宇多津駅は大幅に乗客が減った瀬戸大橋線の四国側の玄関口であるが20％減に留まっており、この点でも特急ではなく在来線はある程度利用され続けていたことがわかる。

ＪＲ九州も30％台に留まる

ＪＲ九州の主要駅も、ＪＲ四国と同様に駅利用者の減少率は低く抑えられている。九州最大の駅である博多駅が30・８％に留まり、最も高いのは新幹線駅でもある熊本駅の38・７％だ。

【表2-8】JR四国の乗車人員上位の駅の減少率

駅名	乗車人員（人）			減少率（%）2019年度から2020年度
	2019年度	2020年度	2021年度	
高松	12,976	9,285	9,473	28.4
徳島	8,089	5,560	5,667	31.3
松山	6,871	4,784	4,879	30.4
坂出	5,333	4,214	4,204	21.0
高知	5,070	3,834	3,953	24.4
丸亀	4,005	3,278	3,184	18.2
今治	2,254	1,714	1,755	24.0
宇多津	2,247	1,845	1,878	17.9
多度津	2,094	1,675	1,632	20.0
新居浜	1,948	1,370	1,528	29.7
後免	1,892	1,656	1,706	12.5
観音寺	1,609	1,287	1,247	20.0
伊予西条	1,513	1,252	1,286	17.3
阿南	1,429	1,124	1,081	21.3
善通寺	1,393	1,157	1,152	16.9
端岡	1,329	1,148	1,130	13.6
勝瑞	1,215	957	978	21.2
伊予北条	1,152	906	859	21.4
琴平	1,151	892	860	22.5
栗林	1,123	956	894	14.9

出所：JR四国「輸送状況データ一覧」をもとに編集部作成

【表2-9】JR九州の乗車人員上位の駅の減少率

駅名	乗車人員（人）			減少率（%）2019年度から2020年度
	2019年度	2020年度	2021年度	
博多	126,627	87,674	93,823	30.8
小倉	35,636	25,014	27,129	29.8
鹿児島中央	20,271	14,013	14,895	30.9
大分	18,660	13,250	13,724	29.0
熊本	15,441	9,465	11,469	38.7
折尾	15,428	11,306	12,541	26.7
吉塚	15,206	12,524	13,125	17.6
黒崎	15,076	11,333	11,938	24.8
千早	12,865	10,452	11,603	18.8
香椎	12,799	10,494	11,321	18.0
佐賀	12,348	8,546	9,404	30.8
福工大前	11,552	8,273	9,757	28.4
南福岡	10,389	8,013	8,457	22.9
長崎	9,699	6,239	6,245	35.7
九大学研都市	9,660	6,531	7,302	32.4

出所：JR九州「駅別乗車人員」をもとに編集部作成

【表2-10】東武鉄道の乗車人員上位の駅の減少率

駅名	乗車人員（人）			減少率（%）2019年度から2020年度
	2019年度	2020年度	2021年度	
押上	55,362	39,011	41,930	29.5
北千住	227,625	167,056	175,518	26.6
草加	44,341	34,425	36,758	22.4
新越谷	75,658	56,010	62,537	26.0
大宮	67,992	50,736	55,091	25.4
柏	73,777	55,932	61,796	24.2
船橋	57,434	44,823	49,293	22.0
池袋	238,138	165,272	175,826	30.6
和光市	90,410	64,662	69,104	28.5
朝霞台	80,881	59,505	65,658	26.4
志木	52,349	38,615	41,901	26.2
川越	62,267	43,838	49,631	29.6

注：東武鉄道が公表している乗降客数を2で割った数値
出所：東武鉄道資料をもとに編集部作成

小倉駅、鹿児島中央駅も新幹線が停車する駅だが、新幹線の乗客減があるものの30%前後に留まっている。

また、最後に東西でそれぞれ最長の路線をもつ私鉄の東武鉄道、近鉄の乗車人員も紹介しておこう。東武鉄道の主要駅は少々郊外寄りなこともあってか、首都圏のなかでは比較的減少率は少ない。

一方で近鉄は広範囲に営

【表2-11】近鉄の乗車人員上位の駅の減少率

駅名	乗車人員(人/日)			減少率(%) 2019年度から2020年度
	2018年度	2019年度	2020年度	
大阪難波	101,677	101,743	67,424	33.7
大阪上本町	36,390	35,825	26,538	25.9
鶴橋	87,141	87,754	56,388	35.7
大阪阿部野橋	87,475	87,726	65,195	25.7
近鉄名古屋	63,171	63,474	41,118	35.2
生駒	22,808	22,505	22,591	-0.4
学園前	26,650	26,151	25,733	1.6
近鉄奈良	33,480	32,880	20,927	36.4
大和西大寺	23,766	23,550	18,116	23.1
近鉄四日市	24,236	24,163	18,198	24.7

出所:大阪府統計年鑑をもとに編集部作成

業しており奈良、名古屋、四日市にも駅をもつが、30%台中盤から20%台中盤と駅ごとに減少率に幅がある状況だ。

第3章　鉄道が再び斜陽産業と言われる日

——鉄道会社の売上はいかに変わったのか

大量輸送が崩れると利益を出せない

客が減ったら売上が下がるのは、どの業界でも変わらない。コロナ禍においては、多くの業界、企業が売上や利益を下げている。

しかし、鉄道会社はメーカーなどに比べ、固定費や運行ごとにかかるコストが大きい。客が少ないから、それに合わせて営業規模を小さくという考え方が他の業界に比べてかなりむずかしい。鉄道は交通インフラのなかでも大量輸送という使命をもっている。基本的にはこの「大量輸送」をもとにビジネスがつくられているので、大量輸送の状況が崩れると、当然ながらビジネスは途端に行き詰る。

長年、赤字路線を抱えて、決算を黒字にできないJR北海道が、その状況をまさに物語っている。赤字路線は昨日今日現れたものではない。民営化以前から赤字であった路線も多く、要するに35年経ってなお解消されぬまま、今に至るわけだ。

もちろん、現在は赤字路線であっても、つくられた当初は大いなる意義、役割があった。その役割を終え、大量輸送が叶わなくなった今、黒字を出すのはビジネスの構造上、不可能とさえいえる。

そんな現実がすでにありながら、コロナ禍が追い打ちをかけた路線、危機的な状況の手前に来てしまった路線、超ドル箱がそれなりに利益を出せる程度になった路線などがここ1～2年で誕生してしまった。

そもそも数十年スパンで見れば減少している路線は多い

もちろん第1章でも述べたように、赤字路線をなくしていけば会社全体の赤字は減る。しかし、地域の交通を担う鉄道会社は、利益のみを追求することはできない。意思決定には自治体がかかわることも多い。

活動が活発化してきた今の様子を見ていると、確かにコロナ禍による打撃は、大きなものではあったが一過性のものともいえるだろう。鉄道業界においても、来年も再来年も続くような状況にはない。

しかし、国内の人口が減少局面に突入していることを踏まえると、たとえ来年こそ大丈夫だとしても、近い将来、同じような状況になると考えるのは、決して杞憂ではない。

ここまで、乗客が減少した状況を細かく見てきたが、そもそも数十年スパンで見れば、コロナ禍での減少率よりはるかに乗客が減っている路線も多い。

路線数が最も多く、多様な地域を走っているJR東日本で見てみよう。

同社は2018年度（2019年3月期）決算において、運輸事業で3419億円の営業利益を出している。鉄道会社として盤石ともいえる財務状況だが、民営化してからの乗客数の推移はどうだろうか。

表3－1は民営化した1987年と2018年の乗客数（平均通過人員）の減少率75％を超える路線（区間）を示したものだ。加えて、乗客数が約1万人減った路線も記載した。見てのとおり、その数、17路線（区間）に及ぶ。

参考までに1987年時点では平均通過人員が1万人を超えている路線のうち減少率が高い路線も入れてある。

いくつか「本線」が見られ、都市間の移動において重要な路線も多い。国鉄のときの名残りで「本線」と名付けられたものも多いが、その名の通り交通の要となる重要な路

●この本をどこでお知りになりましたか?(複数回答可

1.書店で実物を見て　　2.知人にすすめられて
3.SNSで(Twitter:　　Instagram:　　その他
4.テレビで観た(番組名:
5.新聞広告(　　新聞)　6.その他(

●購入された動機は何ですか?(複数回答可)

1.著者にひかれた　　2.タイトルにひかれた
3.テーマに興味をもった　　4.装丁・デザインにひかれた
5.その他(

●この本で特に良かったページはありますか?

●最近気になる人や話題はありますか?

●この本についてのご意見・ご感想をお書きください

以上となります。ご協力ありがとうございました

郵便はがき

お手数ですが
切手を
お貼りください

1 5 0 - 8 4 8 2

東京都渋谷区恵比寿4-4-9
えびす大黒ビル
ワニブックス書籍編集部

お買い求めいただいた本のタイトル

書をお買い上げいただきまして、誠にありがとうございます。
アンケートにお答えいただけたら幸いです。
返信いただいた方の中から、
選で毎月5名様に図書カード(500円分)をプレゼントします。

ご住所 〒

TEL (- -)

(ふりがな)
お名前

年齢
歳

ご職業

性別
男・女・無回答

いただいたご感想を、新聞広告などに匿名で
使用してもよろしいですか? (はい・いいえ)

記入いただいた「個人情報」は、許可なく他の目的で使用することはありません。
いただいたご感想は、一部内容を改変させていただく可能性があります。

【表3-1】JR東日本で民営化後に乗客数が大幅に減った路線

路線（区間）	平均通過人員（人）		減少率（%）
	1987年度	2018年度	
津軽線（青森～中小国）	10,813	735	93.2
花輪線（荒屋新町～鹿角花輪）	915	86	90.6
奥羽本線（新庄～湯沢）	4,047	424	89.5
磐越西線（野沢～津川）	1,142	133	88.4
久留里線（久留里～上総亀山）	823	96	88.3
大糸線（白馬～南小谷）	1,719	249	85.5
只見線（会津川口～只見）	184	28	84.8
飯山線（戸狩野沢温泉～津南）	822	126	84.7
北上線（ほっとゆだ～横手）	813	134	83.5
信越本線（高崎～横川）	25,726	4,366	83.0
陸羽東線（鳴子温泉～最上）	456	85	81.4
羽越本線（新津～新発田）	6,917	1,362	80.3
山田線（上米内～宮古）	720	148	79.4
米坂線（小国～坂町）	864	180	79.2
羽越本線（酒田～羽後本荘）	4,393	987	77.5
上越線（水上～越後湯沢）	3,267	738	77.4
飯山線（飯山～戸狩野沢温泉）	2,171	543	75.0
信越本線（直江津～犀潟）	14,385	3,985	72.3
内房線（君津～館山）	12,706	3,921	69.1
東北本線（松島～小牛田）	18,454	9,790	46.9
奥羽本線（秋田～追分）	19,457	10,690	45.1
常磐線（高萩～いわき）	16,332	9,402	42.4

出所：JR東日本「路線別ご利用状況」をもとに編集部作成

線であった。それが35年を経て、7〜8割も乗客が減少しているのだ。

減少率50％超までハードルを下げると90路線（区間）ほどが該当する。ＪＲ東日本は190区間にわけて乗客数を集計しているので、おおよそ半分ほどの区間で民営化後、乗客数が半分以下に落ち込んでいる。

乗客が7倍になった路線もある

そんななかで、いかに鉄道事業で収益を上げているのか。もちろん各地でさまざまな施策を打っているわけだが、単純な話、乗客が増えている路線も多数あるためだ。特に首都圏、たとえば京葉線（東京〜蘇我、市川塩浜〜西船橋〜南船橋）では、乗客数が7倍にまで増えている（表3－2参照）。京葉線は東京から千葉にかけて沿岸部を走る路線で、40年前は工場や物流センターが中心の地域だった。今では高層のマンションやショッピングセンターなどが建ち並ぶようになり、住民もかなり多くなった。

ほかにも山手線などは39・5％増と驚くほどの増加率ではないが、もともと乗客数が

【表3-2】JR東日本で民営化後に乗客数が大幅に増えた路線

路線（区間）	平均通過人員（人）		増加率（％）
	1987年度	2018年度	
京葉線（東京～蘇我など）	26,246	181,483	591.5
東北本線（岩切～利府）	1,324	5,785	336.9
相模線（茅ヶ崎～橋本）	9,268	29,643	219.8
武蔵野線（府中本町～西船橋）	69,192	168,752	143.9
武蔵野線（鶴見～西船橋など）	47,090	114,847	143.9
仙山線（仙台～愛子）	11,983	24,781	106.8
成田線（佐倉～成田）	21,582	44,425	105.8
横浜線（東神奈川～八王子）	122,328	231,706	89.4
川越線（大宮～高麗川）	30,295	56,191	85.5
南武線（川崎～立川など）	92,591	163,148	76.2
田沢湖線（盛岡～大曲）	4,109	7,023	70.9
川越線（大宮～川越）	53,028	89,062	68.0
埼京線（池袋～赤羽）	459,961	752,645	63.6
川越線（川越～高麗川）	12,050	19,694	63.4
南武線（川崎～立川）	127,847	205,876	61.0
東北本線（東京～盛岡など）	53,625	84,567	57.7
総武本線（佐倉～成東）	12,429	19,568	57.4
信越本線（新津～新潟）	17,865	27,855	55.9
八高線（拝島～高麗川）	10,093	15,690	55.5
信越本線（長岡～新津）	7,386	11,296	52.9
総武本線（千葉～佐倉）	70,540	105,090	49.0

出所：JR東日本「路線別ご利用状況」をもとに編集部作成

多いゆえ、平均通過人員は30万人増えている。1日あたり30万人も客が増えているのだから、商売のしがいもあるというものだ。

ただ、ここでいいたいのは、35年間でこんなにも乗客が増えた路線がある、という話ではない。

日本経済の発展に伴って増えてきた首都圏人口も、近いうちに日本全体の人口と同じように減少局面に入ることが予想されている。2022年1月時点の人口動態調査（総務省）では、1都3県（東京都、埼玉県、千葉県、神奈川県）の日本人人口が前年比0・1％減少した。減少は実に1975年の調査開始以来、はじめての出来事である。要するに、都市部の増加で地方の減少をカバーするという構図は、もはや期待できないということだ。

京葉線のような増加率を示す路線が首都圏に現れることは二度とない。首都圏で最後にその可能性を見たのは2005年に開業したつくばエクスプレスで、開業以来順調に乗客数を増やした。15年でおよそ2・5倍にまで乗客を増やしたが、ここは線路がなかった箇所に新たに線路が敷かれた路線。ゼロスタートであったので街ができていくことで増加する余地があったが、既存の路線ではもう不可能だろう。

鉄道会社の売上はどれだけ減ったのか

鉄道会社に「待っていれば客が増える」という状況は訪れない。今回のコロナ禍での乗客減は、今後訪れるかもしれない状況を先だって経験したといえる。

では、まず各社どのくらい売上や利益が減ったのかを見ていこう。国内売上最大のＪＲ東日本から確認していく。

ＪＲ東日本の２０１９年３月期、つまり２０１８年度の売上は、鉄道収益が２兆３８０億円であった。そのほかの事業での収益が９６３７億円あり、売上合計で３兆18億円、営業利益は４８４８億円に及ぶ。コロナ禍がまったく影響していない年の売上なので、この３兆円という額が、ＪＲ東日本の〝通常の実力〟といえる。

コロナ禍が終盤で影響した２０１９年度は売上２兆９４６５億円で１・８％減でしかない。しかし、コロナ禍が広がりを見せた２０２０年度、鉄道収益は45・１％減の１兆

957億円となった。その他の事業が29・8%減に留まったため、全体では40・1%減となったが、平時に売上が40%減となれば、経営者の脳裏には倒産の2文字が浮かぶ。営業損失は5203億円に及び、2018年度の営業利益が丸々吹っ飛んでなお足りない額だ。

2019年度のコロナ禍の影響は対前年比1・8%減という数字だけ見れば軽微に思える。しかし、前年の売上に達することを目標にしている企業などないわけで、売上増に向けていろいろなプロジェクトを進めている。そうしたなかでの減収が、軽微なわけはない。JR東日本は、同年度の新型コロナウイルス感染症の影響額を約940億円の減収とみている。

ちなみに、会社設立以来最大の下げ幅となった2020年度の決算においては、もはやコロナ禍の影響額は明示していない。同社は2022年度内に鉄道収益はコロナ禍前の約90%にまで回復すると仮定しているが、社会の構造変化の影響は継続すると考えており、台風などの災害とはとらえ方が異なる。

【表3-3】JR東日本の収益と営業利益の推移

会計期		収益・利益（百万円）	増減率（%：対前年比）
2022年3月期（2021年度）	鉄道収益	1,277,000	16.5
	関連収益	701,900	4.9
	収益合計	1,978,900	12.1
	営業利益	▲153,900	
2021年3月期（2020年度）	鉄道収益	1,095,700	▲45.1
	関連収益	668,800	▲29.8
	収益合計	1,764,500	▲40.1
	営業利益	▲520,300	
2020年3月期（2019年度）	鉄道収益	1,994,500	▲2.1
	関連収益	952,100	▲1.2
	収益合計	2,946,600	▲1.8
	営業利益	380,800	
2019年3月期（2018年度）	鉄道収益	2,038,100	—
	関連収益	963,900	—
	収益合計	3,002,000	—
	営業利益	484,800	—

出所：JR東日本決算書

関連事業の収益も大量輸送あってこそ

売上減を多少やわらげる役割を果たした鉄道以外の事業は、収益がおよそ年間1兆円ある。このその他の事業には、キオスクなどの駅構内にある売店やベックスコーヒーショップなどの飲食店、ルミネやアトレなどのショッピングセンター、コンビニエンスストアなどの決済で利用している人も多いSuica事業などがある。

その他の事業でがんばればいいという考え方もあるが、これらの事業は鉄道を多くの人が利用することでより収益が上がる。特に駅構内の売店などは、乗客の数が売上に直接かかわってくる。駅に近い、もしくは駅の中にあるという好立地で利益を上げていた事業が、その強みを生かせなくなるわけで、乗客減はその他の関連事業にとっても影響は大きい。

JR東日本は、小売・飲食、広告などの流通・サービス業を駅スペースの創出等の事業と位置付けている。その流通・サービス事業の2019年度の収益は5020億円で、営業利益は343億円だった。それが2020年度は売上3180億円、赤字となり1

35億円の営業損失が出た。

収益は37％減となったが、この減少率は山手線駅の利用者の減少率、36・5％減と同規模だ。鉄道の利用者が減れば、その分、その他の関連事業も減るという結果になっている。ほかにも、首都圏で通勤する人はお気づきだと思うが、車両内の広告がかなり減っている。駅を使う人が減れば、駅の広告のニーズも下がるわけで、この広告事業も減収となっている。

こうした苦戦を強いられたなかで迎えた翌2021年度は、収益は12・1％増となった。赤字額は1539億円まで圧縮され、この額は前年の3分の1以下だ。ただ、少し気になるのは、鉄道収益が16・5％増となりながら、関連事業は4・9％増に留まってしまったこと。JR東日本によると駅構内店舗の売上は増加したものの、「収益認識に関する会計基準」の適用により減収したとのこと。この会計基準はかなり大雑把にいうと売上を会計上いつ計上するかを定めたルールで、2021年度から強制適用となった。法の詳細はここでは避けるが、いずれにせよ駅ナカの売上は上がっているようだ。

一方、関連事業のもうひとつの柱である不動産ホテル事業が増収となったことで、4・

9％増になった。不動産・ホテル事業で「回転型ビジネスモデル」を取り入れており、これが功を奏している（第5章参照）。

早々に営業収支をプラスにしたＪＲ東海

２０２１年度も赤字が続くＪＲ東日本に対して、ＪＲ東海はいち早く黒字化を達成している。

２０１９年度の売上は１兆８４４６億円で、前年比１・８％減であった。翌２０２０年度は８２３５億円で、ＪＲ東日本より下げ幅が大きい55・４％減にまで落ち込んだ（表３－４参照）。同社は東海道新幹線の売上が中心となるため、致し方ない数値である。鉄道事業の減少率はＪＲ東日本、ＪＲ西日本がともに40％台であるのに対し、ＪＲ東海は62・８％となり、東海道新幹線の乗客の極端な減少が全体の売上減に大きく影響している。

しかし、２０２１年度の売上は９３５１億円で13・６％増とし、営業利益では17億円の黒字となった。経常利益では引き続き赤字であるが、事業としては黒字としており、この短期間で驚異的ともいえる。売上はコロナ禍の影響を受けていない2018年度の半分であるにもかかわらず、かつ固定費の負担が大きいインフラ事業でなぜ営業損失を避け、利益を出すことができたのか。

JR東海はもともと営業利益率がかなり高い企業である。2019年度の営業利益率は実に37・8%。コンサル企業などは高くなる傾向にあるが、インフラ企業としては驚異的である。同じくインフラ企業の東京電力は5%前後、トヨタ自動車や花王などが8%前後、NTTデータが7%前後で、いかに高いかがわかる。

ちなみにJR東日本は16・2%で、JR西日本は12・9%。この2社も営業利益率は高い部類に入るが、それでもJR東海が突出している。

営業利益は単純にいえば売上から事業運営のためのコストを差し引いた金額だ。同社の売上の7割ほどを東海道新幹線が占めるが、この超ドル箱路線がいかに効率よく稼いでいるのかがわかる。新幹線の乗客が回復傾向にあれば、JR東海の営業収支はすぐにプラスになるわけだ。とはいえ、2021年度の鉄道事業はまだ赤字である。ただし、

【表3-4】JR東海の収益と営業利益の推移

会計期		収益・利益（百万円）	増減率（%：対前年比）
2022年３月期（2021年度）	鉄道収益	717,618	34.6
	関連収益	217,521	▲25.1
	収益合計	935,139	13.6
	営業利益	1,708	
2021年３月期（2020年度）	鉄道収益	533,006	▲62.8
	関連収益	290,511	▲29.7
	収益合計	823,517	▲55.4
	営業利益	▲184,751	
2020年３月期（2019年度）	鉄道収益	1,431,266	▲2.1
	関連収益	413,381	▲0.8
	収益合計	1,844,647	▲1.8
	営業利益	656,163	▲7.6
2019年３月期（2018年度）	鉄道収益	1,461,345	—
	関連収益	416,792	—
	収益合計	1,878,137	—
	営業利益	709,775	—

出所：JR東海決算書

83億円の赤字で他のＪＲ旅客各社に比べればかなり抑えられている。駅ビルなどの流通業でも赤字だが、ショッピングモールのアスティなどを手掛ける不動産業の営業利益が１４９億円まで回復したことで黒字化となっている。

ドル箱路線を徹底的に効率化して運行し利益率を高め、関連事業で収益先の幅を広げておいて有事に備える。鉄道会社として理想の経営のひとつといえるが、２０２１年度のＪＲ東海はそれを実現して、営業利益を出したといえる。

しかし、その理想の鉄道経営も、日本最大の収益を誇る東海道新幹線を擁しているゆえに可能となることだ。営業する地域の特性に左右される鉄道会社が一様に目指せるものではない。

コロナ禍からの復帰にやや出遅れるＪＲ西日本

ＪＲ西日本は、２０１９年度から２０２０年度にかけて売上が40・５％減となった。この下げ幅はＪＲ東日本と同規模である。また、２０２１年度の売上は１兆３１１億円で14・8％増となり、増加率はＪＲ東日本より若干高い。また、関連事業の売上の推移が本州のＪＲ3社のなかで最も安定している。

しかし、利益で差が出た。営業損失額の比率が3社のなかで最も大きい。先述したように、ＪＲ西日本の２０１８年度の営業利益率は12・9％で、かなりの高収益の部類に入る。２０２１年度はＪＲ東日本の営業損失の額は売上の７・８％にあたる。一方、ＪＲ西日本は11・５％。１兆３１１０億円の売上を上げて１１９０億円の赤字となった。

鉄道収益は５４４１億円に増えたが、営業損失は１４４３億円と会社全体の赤字額より多い。収益に対する営業損失の比率は26・５％。不動産業が３００億円の利益を出しており、鉄道の赤字を補てんするかたちとなっている。

ＪＲ東日本の鉄道収益は１兆３３２８億円で、営業損失は２８５３億円。営業損失の比率は21％。営業利益率は〝1％〟をめぐってしのぎをけずるもので、数％といえど、その差は大きい。ＪＲ西日本は鉄道事業の収益の減少により、売上全体に占める関連事業の比率が高くなってきており、全方位で利益率を高めていかなければ、ＪＲ東日本、ＪＲ東海に後れをとっていくことになる。

【表3-5】JR西日本の収益と営業利益の推移

会計期		収益・利益（百万円）	増減率（%：対前年比）
2022年3月期（2021年度）	鉄道収益	544,100	14.1
	関連収益	487,000	15.6
	収益合計	1,031,100	14.8
	営業利益	▲119,000	
2021年3月期（2020年度）	鉄道収益	476,800	▲48.9
	関連収益	421,300	▲26.7
	収益合計	898,100	▲40.5
	営業利益	▲245,500	
2020年3月期（2019年度）	鉄道収益	933,400	▲2.1
	関連収益	574,800	▲0.1
	収益合計	1,508,200	▲1.4
	営業利益	160,600	▲18.4
2019年3月期（2018年度）	鉄道収益	953,900	—
	関連収益	575,400	—
	収益合計	1,529,300	—
	営業利益	196,900	—

出所：JR西日本決算書

ＪＲ北海道、ＪＲ四国はコロナ禍前より赤字が続く

ＪＲ北海道、ＪＲ四国はコロナ禍前より赤字が続き、２０２０年度からはその赤字額が拡大している。それぞれ１・５倍、１・７倍拡大しており、２０２１年度はその額が10％前後減少したに留まり、依然厳しい状況が続いている。

２社とも、鉄道収益より企業全体の営業損失の額のほうが大きい。鉄道で稼ぐために、稼ぎの２倍以上のコストをかけていることになる。実際、営業損失額の大半は鉄道事業によるものだ。ＪＲ北海道、ＪＲ四国も小売業や不動産、ホテル業を手掛けるが、コロナ禍前は、それら事業はいずれも黒字である。鉄道事業の赤字の穴埋めのために関連事業で稼いでいるとさえ見える構図である。

一方、コロナ禍前のＪＲ九州は、営業収支では黒字をたもっている。株式上場のためには必須であった条件で、上場以来継続している。２０２０年度からは赤字となったが、ＪＲ東日本などと比べれば、妥当な赤字額に収まっている。ＪＲ九州は鉄道以外の関連事業での収益力が高く、不動産事業では九州で指折りの企業となっている。

【表3-6】JR各社の収益と利益の推移

2022年3月期(2021年度)

(単位:百万円)

	JR北海道	JR四国	JR九州	JR貨物
鉄道収益	64,000	17,400	108,900	134,701
関連収益	46,300	13,700	220,600	16,634
収益合計	110,300	31,100	329,500	151,335
営業利益	▲72,700	▲22,100	3,900	▲401

2021年3月期(2020年度)

鉄道収益	59,000	15,600	95,200	133,620
関連収益	52,900	12,100	198,700	16,598
収益合計	111,900	27,700	293,900	150,218
営業利益	▲80,500	▲25,900	▲22,800	1,068

2020年3月期(2019年度)

鉄道収益	96,000	29,700	173,700	133,620
関連収益	71,200	19,200	258,900	16,598
収益合計	167,200	48,900	432,600	150,218
営業利益	▲42,600	▲12,000	49,400	1,068

2019年3月期(2018年度)

鉄道収益	97,100	30,100	185,000	142,916
関連収益	73,900	19,700	255,300	18,086
収益合計	171,000	49,800	440,300	161,002
営業利益	▲41,800	▲11,400	63,800	8,505

出所:JR各社決算書

JR貨物は、旅客を運んでいないので、売上は安定している。二酸化炭素排出量が抑えられる輸送方法としてSDGsの面でも強みを発揮しており、JRのなかでは存在感が薄いが、利益面では今後も安定するものと考えられる。

収益の22倍のコストをかけている路線

JR北海道の鉄道事業の赤字は、そもそもが赤字路線を多く持つためだ。

2019年3月に廃線になった石勝線（新夕張〜夕張間）は平均通過人員が100人を切っており、運輸収入は2017年度が1000万円、乗客が若干増えた最終年の2018年は1800万円であった。最終年は廃線を憂う人たちが乗車したことで売上が上がったと見られ、1000万円が当線の実際の収益力といえる。

問題は、この1000万円を稼ぐためにいくらコストがかかっているか、である。営業費用は2017年が2億1800万円。ちなみに2018年は2億1500万円で、乗客が多少増えてもコストはそう変わらない。企業経営の面ではただただ驚くばかりだが、収益の22倍近いコストがかかっているわけだ。2017年の営業損益は実に2億7000万円（編注：100万円以下を切り捨てにしているため、右記の数字による計算とは合致しない）。

石勝線の同区間は運行し続けると毎年2億円近い赤字を生むことになる。経営の一般論で考えれば廃止は妥当といわざるを得ない。

鉄道運行のコスト削減が起こした悲劇

路線の赤字解消のためにやれることは多くはない。乗客増での売上アップが困難ななかにあって、採られる方法はコスト削減だ。

2022年3月のダイヤ改正で、日光線に大きな問題が発生した。いわゆる〝積み残し〟である。積み残しとは、乗ろうとした客がすべて乗車できない状態だ。首都圏であれば、次の電車で10分以内に到着するが、地方ではそうはいかない。

このダイヤ改正において、朝の運行本数が減り、4両編成から1両減らされ3両編成となり、さらにワンマン化がなされている。コスト削減として最も端的な方法ではあるが、乗客の利便性を著しく損なってまでやることではない。

積み残しは〝決まった時間で移動できる〟という鉄道に対する最大の期待を裏切るものだ。この積み残しによって乗れなかった高校生が学校に遅刻してしまったことから、大きな問題となった。ダイヤ改正検討時の見込みが甘かったとしかいいようがないが、通学を鉄道に頼らざるを得ない高校生、特に地方においては重要な客となる高校生の利便性を損なうようでは地方における鉄道の意義が揺らぐ。

乗客減（売上減）と運行コストと利便性のバランスが、今後のダイヤ改正にはシビアに求められる。

第4章　苦肉の策か、逆転の一手か

——運行ダイヤはいかに変わったのか

ダイヤは鉄道会社の〝商品〟

第1章でも度々触れてきたが、コロナ禍の影響を受けて、鉄道会社は一部ダイヤを改正している。

鉄道業界でいうところの「ダイヤ」とは、ダイアグラムの略称で各駅を何時に発車し、何時に到着するのか、その列車運行計画を示した図表のことである。日本でダイヤ改正といった場合、列車の発車・到着時刻の変更を指す（実際にダイアグラムも改正されることになるが）。

ダイヤ＝時刻表と認識されているわけだが、このダイヤこそ、鉄道会社の〝商品〟である。同じ路線であっても、運行される鉄道車両の形式などが異なることがあるが、基本的にわざわざ特定の車両を選んで乗車したりはしない。「何時に発車（到着）するか」を確認し、選んで乗車している。

クルーズトレインなど車両に乗ること自体を目的とした列車も登場しているし、車体にデザインをほどこしたラッピング車両も多くの路線で走っている。それでも安心安全な大量輸送を使命とする鉄道会社にとっては、「どの時間帯に何本、どこまで走らせるか」こそが——つまり、それを示したダイヤこそが、企業として提供する最大のサービスとなる。

そして、そのダイヤは鉄道会社の売上、コストと直結する。公共交通機関といえど、乗客の利便性のみを考慮してダイヤを決めることはできない。

本数を増やすために車両を増やせば10億円が必要

本数を多く走らせようとすると、その分の車両がいるが、1両あたり1億円前後が必要となり、8両編成だと8億円必要だ。特に地方鉄道にとっては、すぐに導入できる金額ではない。「重量半分・価格半分・寿命半分」という目標のもとにつくられ、首都圏の通勤車両として1990年代に多数導入された209系が1両9000万円であった。当車両は、今でも千葉県南部の一部路線で現役として走っている。また、山手線などを走る最新車両E235系は最新のシステムを導入していることから1両あたり1億50

00万円ほどといわれている。特急車両はさらに高く、以前成田エクスプレスに投入されていた253系が1億6600万円。6両編成で9億9600万円となる。新幹線はさらに高く、もう撤退してしまったがオール2階建てのE1系車両が1両3億6000万円した。12両編成で走っていたので、1編成43億2000万円にも及ぶ。こうなると、もはやマンションが1棟買える金額だ。そうして買ったマンションに入居者が集まらなければ大家は大いに苦悩するわけだが、同様に巨額を投じて座席がガラガラでは経営が立ち行かなくなるのは自明だ。

購入時だけでなく、維持費もかさむ。年間で1両あたり700万円以上かかると見られ、1編成では7000万円。保安装置が高度化しており、修理となれば多額のコストがかかる。

首都圏の鉄道会社で役目を終えた車両が地方鉄道へ譲渡されることがあるが、それほど車両の購入は負担が大きい。また、譲り受けようとしても路線の環境が違うため、受け入れられないという状況もあり、既存の車両を使い続けるよりほかないこともしばしばだ。

先ほど石勝線（新夕張〜夕張間）の年間売上が１０００万円と述べたが、そこに１億円の車両を１両入れると、車両金額をペイするのに数十年かかる。廃止がすでに決まっていた路線で使用していた車両が故障し、修理がかなわなかったため廃線が早まったことがあるが、金額を考えればもっともな話である。

話が少々脇道に逸れたが、要するにダイヤの決定、改正には乗客数の増減だけではなく複合的な理由があるということだ。一部の利用者にとって不便になったダイヤ改正をダイヤ改〝悪〟と揶揄する声もあるが、乗客減＝売上減に結び付くようなことを一企業がするわけがなく、やむをえない事情がある。

東京は20分のダウンサイジング

コロナ禍でのダイヤ改正を最も実感するのが、〝終電〟ではないだろうか。首都圏、関西圏の多くの路線で20分前後早まっている。

２０１９年時点で都心部から最も遅く出ていた下り列車の終電は、池袋発赤羽行０時

41分。これが0時22分発に繰り上げられた。赤羽行に乗っても埼玉県民は帰宅できないので、実質的には新宿駅23時47分発川越行を終電とする人が多いだろう。川越行きの最終便が大宮止まりになったため、川越まで帰ろうとするとこの電車に乗る必要がある。根岸線でも、大船発蒲田行の終電が磯子止まりになるなどしている。

中央線の東京駅発高尾行は、0時15分から23時45分に繰り上げられた。終電が30分早くなっているので、従来の感覚で駅に向かうと驚くことになる。ほかにも京葉線の東京駅発蘇我行が0時35分から0時5分と、30分繰り上げられた。

しかし、かつて見られた終電を逃すまいと居酒屋を出て駅に足早に向かう様子は、今はあまり見なくなった。終電の乗客も減っている。店も閉店時間を早めており、定着していく雰囲気がある。東京都内は、このまま20分ほどの〝ダウンサイジング〟が行われるのだろう。

都内のダウンサイジングは、人手不足や労働基準法の改正も影響している。店員が不足するため、開店時間を維持できない。また、労働基準法では、すべての企業が月60時間以上の残業を超えると時間外手当を1・5倍以上に設定しなくてはならない。大企業で

【表4-1】JR東日本の首都圏の終電の変遷

路線名	発着駅	2019年	2022年	繰り上げ時間（分）
山手線	外回り最終品川行	1:16着	0:59着	17
	内回り最終品川行	1:16着	0:56着	19
埼京線	新宿発川越行	0:00	23:47	13
	池袋発赤羽行	0:41	0:22	19
南武線	川崎発登戸行	0:21	0:06	15
	立川発武蔵中原行	0:12	0:02	10
京浜東北・根岸線	大宮発磯子行	23:27	23:00	27
	大宮発桜木町行	23:36	23:07	29
	大宮発赤羽行	0:30	0:15	15
	大船発大宮行	23:12	22:47	25
総武線	千葉発三鷹行	23:48	23:25	23
	三鷹発千葉行	23:51	23:27	24
中央線	東京発最終高尾行	0:15	23:45	30
	東京発武蔵小金井行	0:35	0:05	30
横浜線	東神奈川発橋本行	0:15	0:03	12
	八王子発東神奈川行	23:41	23:38	3
京葉線	東京発蘇我行	0:35	0:05	30
武蔵野線	府中本町発東所沢行	0:27	0:01	26
常磐線	北千住発松戸行	1:04	0:48	16
常磐線快速	上野発勝田行	23:12	22:49	23
	上野発我孫子行	0:34	0:12	22
東海道線	東京発小田原行	23:54	23:39	15
宇都宮線	上野発宇都宮行	23:38	23:14	24
高崎線	上野発高崎行	23:46	23:25	21

出所：JTB時刻表

はすでに開始されているが、2023年4月から中小企業をふくめてすべての企業が対象になる。そもそも2019年4月に施行された労働基準法改正で、36協定による労働時間の延長限度を60時間としている。

この残業時間内で働こうとすれば、終電まで仕事して……という状況はそうそう出てこない。令和になり働き方改革の動きはさらに強まっている。それは、飲食店や小売店などで働く人たちも同様だ。

もはや終電は、再度繰り下がる理由がなくなっている。たかだか20分ほどという見方もあるだろうが、東京都の昼間人口は1500万人ほどいる。そのうち300万人近くが神奈川県、埼玉県、千葉県から流入している（2018年総務省統計局）。それらの人々から一様に〝20分〟が差し引かれるわけだから、その影響は大きい。

関西圏の終電も同様に20分前後減少

終電繰り上げの動きは、関西圏も同様である。JR西日本の主要路線の変遷を見ると、

【表4-2】JR西日本の主要路線の終電の変遷

路線名	発着駅	2019年	2022年	繰り上げ時間（分）
東海道・山陽本線	大阪発姫路行	0:00	23:40	20
	大阪発西明石行	0:28	0:04	25
	京都発大阪行	0:14	23:58	16
	京都発高槻行	0:28	23:58	30
	大阪発米原行	23:10	22:50	20
	大阪発京都行（新快速）	0:25	0:00	25
	大阪発京都行（普通）	0:15	23:55	20
	大阪発高槻行	23:19	22:43	15
阪和線	天王寺発和泉砂川行	23:18	23:04	14
	天王寺発日根野行	0:20	23:52	28
	日根野発天王寺行	23:28	23:07	21
大和路線	JR難波発王寺行	0:26	0:16	10
	奈良発JR難波行	23:42	23:30	12
	奈良発王寺行	0:11	0:00	11
大阪環状線	大阪発内回り大阪行	23:52	23:28	24
	大阪発内回り天王寺行	0:11	0:02	9
	大阪発外回り京橋行	0:33	0:15	18
学研都市線	尼崎発京田辺行	23:14	22:54	20
	尼崎発四條畷行	0:22	23:47	35
	尼崎発放出行	0:22	0:09	13
福知山線	大阪発福知山行	22:33	21:54	39
	尼崎発新三田行	0:24	0:14	10
	尼崎発宝塚行	0:36	0:14	22
奈良線	京都発奈良行	23:58	23:46	12

出所：JTB時刻表

【表4-3】地方鉄道の終電繰り上げ時間

鉄道会社・路線	行先	繰り上げ時間（分）
叡山電鉄鞍馬線	下り鞍馬行	47
	上り出町柳行	18
長野電鉄	下り湯田中行	24
	下り須坂行	46
	上り長野行	49
	上り須坂行	23
富山地方鉄道本線	下り宇奈月温泉行	57
	下り電鉄黒部行	27
	上り電鉄富山行	33
北陸鉄道石川線	鶴来行	55
	野町行	52
一畑電車	上り電鉄出雲市行	20
	下り雲州平田行	20
島原鉄道	下り島原港行	50
	下り島原船津行	17
	上り諫早行	40

出所：JTB時刻表をもとに編集部作成

多くの路線で20分前後繰り上げられている。なかでも大阪発福知山行が39分繰り上げられている。ただし、この間は普通列車で2時間ほどかかるので、福知山から大阪市内への通勤客はほぼいない。尼崎発新三田行0時14分が多くの沿線住民にとって終電となるだろう。

また、学研都市線では尼崎発放出行の終電が13分繰り上げられているが、2つ先の四条畷駅まで乗り換えなしで行こうとすると23時47分の電車に乗らなくてはいけなくなった。2019年は0時22分発で帰宅できていたが、四条畷に住む人にとっては35分繰り上げられたかたちになる。

この福知山行きが39分繰り上げられているというのは、終電を繰り上げると同時に、終点の駅も繰り上げられていることを示している。深夜、いつも乗っていた列車が以前より手前で止まるようになっているというわけだ。終電の停車駅は翌日の始発の列車の配置にかかわるので、単純に乗客が少ないからといって手前で止まるというわけにはいかないのだが、そのあたりの調整をしたうえでのダイヤ改正となる。

いずれにせよ、大阪発の列車の終電の多くが20分前後繰り上げられ、首都圏と同様にダウンサイジングされていく。大阪駅は23時台に大半の路線が営業を終える。西明石行の神戸線を0時4分に見送れば、大阪駅から客はいなくなるのだ。

地方鉄道においては、さらに終電が早まっている。表4－3はいくつか地方鉄道の終電をピックアップしたものだ。ここまで紹介した都市部よりさらに繰り上げ幅は大きく、20分から1時間ほど繰り上がっている。学生や高齢者、もしくは観光客の利用が多く、ビジネスパーソンの利用は少ないため地域の移動に支障はないという判断だろうが、それでも街のランドマークである駅の灯が早く消えてしまうというのは、〝街の風景〟としてさみしさを感じるものだ。終電が早まれば、駅前の店舗の閉店時間にも連動していく。

先ほど店舗で働く人たちの労働時間に触れたが、それは鉄道に関わる人たちも同様だ。鉄道も、売店や清掃なども含め駅を運営していくために必要な人たちを確保できるかどうか、という問題を抱えている。

地方鉄道の終電繰り上げの〝思いきりのよさ〟を見ると、地域のニーズに応えようと懸命に維持してきた鉄道運営の諸々に対して、その〝呪縛〟から解放されたようにも思えてくる。

次々と減便していく特急列車

２０１９年のＪＲ東日本の旅客運輸収入は１兆２８３３億円であった。そのうち「料金」に分類される収入が３４８３億円に及ぶ。この料金とは特急料金やグリーン券、指定席料金、寝台料金を指す。旅客運輸収入の27％を占めるこの売上は、鉄道に付加価値をつけることで得ているもので、利益の源泉といってよい。東海道新幹線を運行するＪＲ東海にとっては生命線ともいえるもので、旅客運輸収入１兆３６５６億円に対し、料金は５５１８億円。その割合は40％にまで及ぶ。

そのため、普通列車の本数を減らすより、特急の本数を減らすほうが鉄道会社としては経営上のダメージになる。一方で、特急車両は普通列車の車両に比べて車体価格がおよそ１・５倍かかる。また、維持補修にかかるコストも割高だ。

つまり特急は稼げるが、イニシャルコスト、ランニングコストがかかる。かつ、この

【表4-4】特急踊り子の本数の変遷

年	列車	定期	臨時
2020年	踊り子:下り	5本	8本
	踊り子:上り	5本	9本
	サフィール踊り子:下り	1本	1本
	サフィール踊り子:上り	1本	1本
2021年	踊り子:下り	5本	9本
	踊り子:上り	5本	9本
	サフィール踊り子:下り	1本	1本
	サフィール踊り子:上り	1本	1本
2022年	踊り子:下り	4本	0本
	踊り子:上り	4本	0本
	サフィール踊り子:下り	1本	1本
	サフィール踊り子:上り	1本	1本

出所:JTB時刻表をもとに編集部作成

コロナ禍で特急の乗客が大幅に減っていることからわかるように、経済の動向で乗客数が大きく変動する。そもそも祝日が土日と併せて連休になる、ならないで乗客数は変わってくる。さらに上りを増やしすぎると下りが過剰に走るといった状況にもなってしまう。いかに手持ちの車両をうまく運用するかがむずかしく、普通列車に比べ需要予測が利益獲得のカギを握る。

需要予測は、1980年代に導入された予約業務を司るマルスというコンピュータシステムで劇的な進歩がなされた。その後、データは蓄積され、需要予測の精度は増すものの、いかんせんコロナ禍はあまりに不測の事態であった。それを踏まえて、ダイヤはどう変更されたのか。
観光に人気の特急踊り子を見てみよう。ちなみに、スーパービュー踊り子の後継となるサフィール踊り子が2020年3月のダイヤ改正から運行を開始している。タイミングが悪いデビューとなってしまったが、デビュー以来、1日の本数は定期列車と臨時列車が併せて2往復している。車両が2編成あるので、いずれも1日1往復させて、その日はお役御免というかたちだ。

ここで本数を減らすと、1編成がムダになってしまう。最低限の運用で走らせているというところか。ただし、ダイヤを増やそうとすると、選択肢は16時50分以降に東京駅を発車する便に限られる。19時半の伊豆急下田駅着の便にどれだけ需要があるかというと、限られるだろう。予定通りの運行を粛々と重ねている状況なのであろう。

一方の特急踊り子は定期列車が1本減り、臨時列車は0本となった。コロナ禍前は臨時列車を8～9本走らせていたわけだから、いかに乗客の減少が著しいかがわかる。JR東日本にとっては最低限の本数を走らせている状況だろう。

ただ、ＪＲ東日本は、特急に関して単に本数を減らすだけでなく、発着駅を変えて集客を狙う動きもある。たとえば新宿駅発着の特急あずさ、特急かいじについて、一部を東京駅発着にして利便性の向上を狙っている。

通勤時間帯の本数減はコスト面でメリットがある

第1章で述べたように、首都圏の通勤需要は減っており、混雑率はかなり緩和されてきている。それに伴って、ＪＲ東日本の２０２２年3月のダイヤ改正では、朝の通勤時間帯の減便を行っている（表４－５参照）。そもそもコロナ禍前からＪＲ東日本は「オフピーク通勤」を呼び掛けており、ＪＲＥポイントを還元するサービスまで行っている。大量に乗客が乗るラッシュアワーは鉄道会社の〝かき入れ時〟ではあるが、その乗客の多さは１００％ウェルカムなものではないわけだ。

２０１１年時点で、ＪＲ東日本内で最も混雑していた区間は上野→御徒町間。そこを走る山手線、京浜東北線はどちらも２００％越えの乗車率であった。その解消を目的の

【表4-5】JR東日本の通勤時間帯の本数の変遷

線区	2021年	2022年改正後
東海道線	19本	17本
横須賀線	11本	10本
山手線(外回り)	21本	18本
山手線(内回り)	22本	20本
中央線快速	30本	29本
総武線	23本	19本
宇都宮線	13本	11本
高崎線	14本	13本
京浜東北・根岸線	25本	23本
常磐線快速	19本	15本
常磐線各駅停車	23本	20本
総武線快速	19本	18本
総武線	26本	25本
南武線	25本	24本
横浜線	19本	17本
青梅線	17本	16本
京葉線	15本	13本

出所:JR東日本「2022年3月ダイヤ改正について」

【表4-6】通勤時間帯に新たに運転を開始した特急

列車名	発駅	発時刻	着駅	着時刻
スワローあかぎ4号	高崎	5:52	上野	7:37
さざなみ4号	木更津	7:03	東京	8:10

出所:JR東日本「2022年3月ダイヤ改正について」

ひとつとしたのが、2015年に開通した上野東京ラインである。同線によって、宇都宮線、高崎線、常磐線と東海道線の直通運転が可能となり、上野乗り換えで東京駅や品川駅に向かう客を乗せずにすむ山手線や京浜東北線の混雑率は解消された。また、宇都宮線などから1本で東京駅に行けるようになり利便性向上に一役買っている。

ただし、この上野東京ラインを実現するために必要とした工事区間3・6kmのために、400億円もの事業費がかかっている。それほどまでに国土交通省の「混雑を緩和せよ」という命令は都内の鉄道会社にとって〝無茶ぶり〟なのだが、それがコロナ禍で解消され、3分に1本というギリギリの運行をしていた時間帯に1～3本減らせたというのは、鉄道会社からすればコスト面でプラスに作用するだろう。

朝の通勤ラッシュで定刻どおりに運行するのはほぼ不可能であり、ダイヤが回復するのに午前10時くらいまでかかる。そうした副作用を軽減できるのであれば、〝かき入れ時〟よりコスト削減に結びつく減便なのだろう。ただ、あまり減らし過ぎると混雑率が上がるので、その頃合いをみたダイヤ改正と考えられる。

このダイヤ改正では「着席サービスの向上」として、都内に乗り入れる2本の特急を新たに運転開始している（表4－6参照）。文字通り、ゆったりと座って特急で通勤できるようにという意図での運転開始で、ラッシュ時の通勤を〝押し込める〟スタイルから〝より快適に〟という方向で利益を得ようとする方針のようだ。

空港利用者以外の客も取り込む成田エクスプレス

第1章で述べたように、成田エクスプレスは成田空港の利用者減によって、大幅に乗客を減らした。そのため、2020年5月以降、朝夕の一部の列車を除いて運転を見合わせていた。その後、2022年3月より、ダイヤを変えて運転を再開している。

まず、最大のポイントは千葉駅を停車駅に加えたこと。逆にいえば、これまで千葉県の主要駅である千葉駅は停車駅ではなかったわけだ。これは成田空港に向かう際に、千葉駅からであれば、普通列車に乗ってもそれほど時間に差がない。そんななか特急券を買って乗る人がどれだけいるのか。であれば停車せずに成田空港駅への到達時間を短くしようとする意図である。

成田空港へ向かう客だけでは心許なくなった今、千葉から新宿・渋谷・横浜へゆっくり座って移動しようというニーズを取り込もうとしているのである。期間限定で千葉駅、四街道駅発着の特急料金を割引して、普及に努めるほどの力の入れようだ。先述したように「料金」は鉄道会社にとって利益の源泉。

2022年3月のダイヤ改正に、〝気持ちを切り替えて〟今後にのぞむJR東日本の姿勢がうかがえる。

銀座線、丸ノ内線の本数を大幅に減らした東京メトロ

通勤時間帯に日本でいちばん混雑する路線、東西線を運行する東京メトロはダイヤをどう改正したのか。

同社は2022年8月に、「利用状況に合わせた」運転本数の見直しを行っている。銀座線については通勤ラッシュの時間帯以外を1時間あたり18本から12本に変更。実に1時間あたり6本の削減だが、7時台から9時台でも2~5本減らしており、かなり抜

【表4-7】東京メトロ銀座線の2022年8月ダイヤ改正

時間帯	1時間あたりの本数	
	渋谷方面行き	浅草方面行き
平日10〜16時	18本→12本	18本→12本
土休日8〜20時	18本→12本	18本→12本
平日7時台	27本→23本	20本→18本
平日8時台	30本→25本	30本→26本
平日9時台	21本→18本	26本→21本
平日17時台	26本→24本	27本→24本
平日18時台	27本→25本	26本→25本

出所：東京メトロ「銀座線、丸ノ内線、東西線、千代田線 2022年8月ダイヤ改正のお知らせ」

本的に減らしている（表4－7参照）。丸ノ内線は銀座線に比べてもともと本数が少ないのもあって、減便は抑えめだが、それでも日中は1時間に1本削減、朝夕も1時間あたり1～3本、中野坂上～方南町間では5本減らすなどしている。

混雑が緩和した東西線は朝1時間に1本、千代田線も同様に1時間1本減らすにとどまった。

なぜ、このような差があるかというと、東西線、千代田線が他の鉄道会社と相互乗り入れを行っているのに対して、銀座線、丸ノ内線は相互乗り入れを行っていないためだ。相互乗り入れがなければ、他の鉄道会社とのダイヤの調整が必要なく、自社の一存で決められる。東西線、千代田線も相互乗り入れがなければ大幅減便したいのかもしれないが、相互乗り入れによって乗客を確保できているという事情もある。利便性を維持し、乗客の確保を優先させたということだろう。

最大のダイヤ変更が〝廃線〟

都市部のダイヤ改正は、ビジネスとしてまだ工夫の余地がある状況だが、地方はそうはいかないケースも多い。

ダイヤの最大の変更は何かというと、廃線だろう。

コロナ禍中（2020年1月以降）に廃止になった路線は、第1章で紹介した札沼線（北海道医療大学～新十津川）、日高線（鵡川～様似）のほかに秋田臨海鉄道がある。同社は貨物鉄道であるが、最後に残った荷主である日本製紙秋田工場が利用を停止することを決定し、2021年3月に南線・北線の2路線を廃止、鉄道事業を終了させている。

いずれも、廃止は事前に決定していたことであり、コロナ禍の利用減で廃止されたわけではない。

そもそも廃止は、そう簡単には決まらない。一過性の出来事で極端に乗客が減ろうと、沿線自治体との合意がとれなければ廃線を強行することなどできない。鉄道は鉄道事業法で許可を受けた会社のみが営業できる事業で、そう簡単に参入することもできなければ、逆に撤退することもできない。鉄道会社単独で路線を存続することが困難な場合、自治体の支援も検討される。

廃線となりやすいのは、乗客減よりむしろ災害などで線路や車両が被害を受けた場合だ。災害の規模が大きければ復旧工事には数億円、数十億円とかかるわけだが、廃線が議論されているような路線は年間の旅客運輸収入が1000万円を切るところも少なくない。そのような収益力の路線を年間の売上の数十倍出して復旧するとなると、工事費用のもとをとるのにすら数十年必要となる。

そうした額を企業が出すのが困難なのはもとより、自治体が捻出しようとすると沿線住民の不満を買うことになる。そもそも、その財源が出せるような自治体であれば乗客が廃線危機を迎えるほど減ることはない。

しかし、乗る人がいるのであれば、ギリギリまで沿線自治体は反対する。利用者がいるのに鉄道を止めれば、その町に交通弱者を生むことになるからだ。町の可能性を狭めてしまうことにもなる。

廃線の危機にある路線は日本国中にある

ここ3年で3つの路線（区間）が廃止されたわけだが、廃線が議論されている路線は国内にたくさんある。

そこにもってきてコロナ禍の乗客減が……と不安に思う向きもいると思うが、結論からいうとコロナ禍による一時的な乗客数の落ち込みで廃線が決まることはない。かなり乱暴な言い方になるが、廃線が議論される路線の収支は3割や4割、乗客が減ったくらいで問題になるような次元にない。

千葉県の内陸側を走る久留里線の久留里〜上総亀山間（9・6km）の、2019年度の平均通過人員は85人であった。それが2021年度には55人に減っている。減少率にして35・5％だ。

この1日100人に満たない乗客を乗せて2019年度に稼いだ運輸収入は200万円。一方、運行にかかった費用（営業費用）は3億4400万円。赤字額は3億4200万円、つぎ込んだ金額で回収できた売上の比率、すなわち収支率はわずか0・6％である。「1000円つぎ込んで6円稼いだ」という状況だ。そして、乗客が35・5％減った2021年度の運輸収入は100万円ほどで、営業費用は2億8100万円。赤字額は2億7900万円（データが100万円以下の数字は切り捨てのため、計算が合致しない）。収支率は0・5％である。

今挙げた数字を見てお分かりのように、収支面では乗客が多少前後したところで、微々たる影響しかない。むしろ、運輸収入は減っても理由は不明ながら営業費用が下がった分、赤字額が抑えられているという結果になっている。

もちろん乗客が減るということは沿線での鉄道へのニーズが落ちているわけだから、廃線の論調が強まってもおかしくはないが、それでも自治体が「乗客が85人であれば必要だが、50人であれば不要だ」などと考えるわけがない。鉄道会社側から「50人まで減ったのだから、そろそろ……」と主張することもない。乗客数を基準に廃線が決まるのであれば、とうの昔に廃止されている路線は少なくない。

第1章で述べたように、1968年に国鉄諮問委員会が「使命を終えた」として一部の地方ローカル線の廃止に向けて動いた（通称、赤字83線）が、そのときの廃止の基準のひとつが「定期客の片道輸送量が3000人以内」というもの（輸送量は乗車した人数の合計を指し、平均通過人員とは計算の仕方が違うので、ここまで紹介してきた平均通過人員3000人以下の路線がその基準にあてはまるわけではない）。

現在、JR東日本やJR西日本は、「地方交通線の利用者は昨今大きく減少しており、各路線の経営状況は厳しさを増している。地域と建設的な議論をするために利用の少ない線区の収支を開示する」として、平均通過人員2000人未満の線区の収支を公開している。また、JR北海道は全路線の線区別収支を公表している。

乗客数はもちろん重要な基準のひとつだが、経営の観点で見れば最も重要なのは収支だ。その収支で見ると、JR東日本には毎年5億円以上の赤字を出している区間が58区間ある。ＪＲ北海道は21区間、ＪＲ西日本は18区間ある（表４－８～10参照）。繰り返しになるが、コロナ禍で赤字区間が急激に増えたわけではない。もはや、その次元ではない。

この３社の路線を比較すると、新幹線を除き最も赤字額が多いのは函館線（函館～長万部）で、年間71億円の損失を出している。路線距離が１２５・１ｋｍと長いため営業費用がかさんでしまったが、１ｋｍあたりで見ても５０６４万円の赤字となる。ほかにＪＲ東日本の奥羽本線（東能代～大館）は１ｋｍあたり６５００万円の赤字だ。

すでに廃止することが沿線自治体と合意されている留萌線（深川～留萌）は１ｋｍあたり１２００万円の赤字に留まる。しかし、収益が１ｋｍあたり58万円（総額２９００万円）に留まるほどの乗客の少なさに、自治体も合意せざるを得なかった。

次にダイヤから消える路線はどこか。今も全国で議論が行われている。

【表4-8】JR北海道の2021年度線区別収支

（単位：百万円）

線名・区間	営業収益	営業費用	赤字額
新幹線（新青森～新函館北斗）	4,553	19,411	14,858
函館線（函館～長万部）	2,232	9,406	7,174
函館線（岩見沢～旭川）	2,753	7,895	5,141
石勝・根室線（南千歳～帯広）	2,879	7,879	5,000
根室線（帯広～釧路）	847	5,157	4,309
石北線（上川～網走）	485	4,192	3,707
室蘭線（室蘭～苫小牧）	1,761	5,161	3,400
宗谷線（旭川～名寄）	401	3,649	3,249
函館線（長万部～小樽）	235	3,024	2,789
室蘭線（長万部～東室蘭）	1,396	4,182	2,786
宗谷線（名寄～稚内）	243	3,018	2,775
釧網線（東釧路～網走）	181	1,933	1,752
根室線（釧路～根室）	129	1,289	1,160
石北線（新旭川～上川）	149	1,262	1,112
根室線（滝川～富良野）	59	1,163	1,105
富良野線（富良野～旭川）	241	1,342	1,101
室蘭線（沼ノ端～岩見沢）	91	1,174	1,082
根室線（富良野～新得）	21	681	661
留萌線（深川～留萌）	29	635	606
日高線（苫小牧～鵡川）	35	413	378
札沼線（桑園～医療大学）	27,266	42,125	14,859
函館線（札幌～岩見沢）			
千歳・室蘭線（白石～苫小牧）			
函館線（小樽～札幌）			

出所：JR北海道「2021年度線区別の収支とご利用状況」

【表4-9】JR東日本で乗客が少ない路線の2021年収支

(単位:百万円)

線名	運輸収入	営業費用	赤字額
羽越本線(村上～鶴岡)	298	5,297	4,998
奥羽本線(東能代～大館)	167	3,273	3,105
羽越本線(酒田～羽後本荘)	146	2,925	2,778
奥羽本線(大館～弘前)	114	2,536	2,422
津軽線(青森～中小国)	63	2,049	1,986
奥羽本線(湯沢～大曲)	145	1,904	1,759
五能線(能代～深浦)	35	1,728	1,692
小海線(小淵沢～小海)	67	1,739	1,671
山田線(上米内～宮古)	28	1,690	1,661
上越線(水上～越後湯沢)	73	1,665	1,592
五能線(深浦～五所川原)	69	1,639	1,570
大船渡線(一ノ関～気仙沼)	106	1,616	1,510
奥羽本線(新庄～湯沢)	46	1,500	1,453
内房線(館山～安房鴨川)	119	1,460	1,341
八戸線(鮫～久慈)	56	1,376	1,319
水郡線(常陸大宮～常陸大子)	61	1,346	1,285
釜石線(遠野～釜石)	53	1,337	1,283
越後線(柏崎～吉田)	81	1,358	1,277
釜石線(花巻～遠野)	106	1,310	1,204
外房線(勝浦～安房鴨川)	117	1,294	1,176
石巻線(小牛田～女川)	128	1,248	1,120
陸羽東線(古川～鳴子温泉)	77	1,182	1,105
大湊線(野辺地～大湊)	81	1,160	1,079
磐越西線(津川～五泉)	33	1,050	1,017
北上線(北上～ほっとゆだ)	31	1,004	972
大糸線(信濃大町～白馬)	58	1,024	965

注:只見線　会津川口～只見間および上越線　越後湯沢～ガーラ湯沢間の収支データは開示していない。
出所:JR東日本「平均通過人員2,000人／日未満の線区ごとの収支データ」

【表4-10】JR西日本で乗客が少ない路線の収支

(単位:百万円)

路線(区間)	運輸収入	営業費用	赤字額
山陰線(出雲市～益田)	800	4,360	3,550
紀勢線(新宮～白浜)	540	3,470	2,930
小浜線(敦賀～東舞鶴)	280	1,970	1,690
関西線(亀山～加茂)	210	1,780	1,570
芸備線(三次～下深川)	170	1,470	1,300
山陰線(益田～長門市)	80	1,300	1,220
山陰線(城崎温泉～浜坂)	130	1,300	1,170
山陰線(長門市～小串・仙崎)	70	1,030	960
山口線(宮野～津和野)	140	1,070	930
山陰線(浜坂～鳥取)	100	910	810
越美北線(越前花堂～九頭竜湖)	60	860	800
木次線(宍道～出雲横田)	50	740	690
播但線(和田山～寺前)	250	920	670
福塩線(府中～塩町)	20	690	670
姫新線(播磨新宮～上月)	80	700	620
大糸線(南小谷～糸魚川)	20	630	610
山口線(津和野～益田)	70	670	600
岩徳線(岩国～櫛ヶ浜)	160	730	570
美祢線(厚狭～長門市)	70	540	470
姫新線(上月～津山)	50	470	420
姫新線(津山～中国勝山)	70	490	420
因美線(東津山～智頭)	20	410	390
姫新線(中国勝山～新見)	20	370	350
芸備線(備後落合～備後庄原)	10	280	270
加古川線(西脇市～谷川)	20	280	260
木次線(出雲横田～備後落合)	3	260	260

注:運輸収入、営業費用、赤字額は2018年～2020年の3カ年の平均
出所:JR西日本「輸送密度(平均通過人員)2,000人/日未満の線区の経営状況」

第5章　鉄道会社がつかもうとする未来の姿

——ＪＲ、私鉄の存続を賭けた次の一手

運賃値上げは経営を回復させるのか

物価上昇が続くなか、2023年春から運賃引き上げを予定している鉄道会社は多い。2022年の売上では鉄道の営業費用を回収できないとなれば、運賃引き上げは当然ともいえる。ちなみに、開業のみならず運賃改定も国土交通省に届け出て認可されなければ行えない。

運賃改定の名目や対象は様々で、なかでも多いのが、鉄道駅バリアフリー料金制度を利用したものだ。都市部の鉄道の乗客の負担によって（すなわち料金値上げによって）、鉄道のバリアフリー化を加速する制度だ。

首都圏ではJR東日本や東京メトロ、西武鉄道、小田急電鉄が、関西圏ではJR西日本や阪急電鉄、阪神電鉄、京阪電鉄などが同制度で値上げする。一部路線を除き一律10円値上げを採用する（JR東日本、JR西日本は電車特定区間が対象）。

制度の趣旨に沿えば、値上げ分は利益増ではなくバリアフリーの改修にあてられるわけだが、長い目で見れば高齢者の利用を促すために有効な施策といえる。

近鉄や東急電鉄は正面切って現状の収入減を経営努力で補うのは困難として、運賃値上げに踏み切った。東急は平均12・9％増だが、近鉄はキロ程ごとに18％前後と、あまり類を見ない強気の値上げを行っている。ＪＲ四国は普通乗車券を平均12・51％増、定期を約25％増としている。

小田急は特急料金を引き上げつつも、オンラインで購入するとお得になるチケットレス特急料金も同時に設定した。お得といっても改定前よりは高いのだが、心理的には上手な戦略といえる。

また同じく、小田急電鉄は小児ＩＣ運賃の全区間一律50円を２０２２年３月から開始している。「一律50円」はなかなかインパクトがある価格設定であり、子どもと一緒に鉄道を利用する親が増えることを狙うものだが、長期的には子育て世代の沿線への流入を狙うものだ。

一方で、値下げを行う鉄道会社もある。運賃が高いことで知られる北総鉄道は、通勤定期を13・８％、通学定期を64・７％減にまで引き下げた。開業から43年が経ち、累積損失の解消が見込める状況だからこそ打てた手だろうが、他社の値上げが相次ぐなかでインパクトは大きい。
ほかには、岳南電車が2022年1～2月の土日祝日の乗車を運賃無料としたという事例もある。

もともと強い不動産業で鉄道会社の枠を超えて展開

2022年3月期の決算の傾向として、JR旅客各社や大手私鉄は軒並み不動産事業の調子がよい。JRは5社が鉄道事業の収益減で苦戦するなか不動産事業では利益を出している（JR四国は本格的なマンション販売開始による営業費増でわずかに赤字）。鉄道会社の関連事業の多くは、小売り（流通）、不動産、ホテルに分類されるが、ほかは赤字を出しながら、不動産は黒字という状況だ。

JR九州はかねてよりマンション販売に強みをもち、建設も請け負う。沿線で事業主としてマンション建設を企画、販売を進めるが、九州のみならず大阪などでもマンションを分譲している。2021年度は大阪メトロ堺筋本町駅直結の37階建てタワーマンシヨン（ＭＪＲ堺筋本町タワー）を売り出し、沿線をテリトリーとする鉄道会社のマンションヨン販売と一線を画す。

ＪＲ東日本は不動産事業において「回転型ビジネスモデル」を開始した。ここでいう回転型ビジネスモデルとは、自社で開発・保有している物件をファンドへ売却（流動化）し、獲得資金を成長分野へ拡大再投資すること。資金効率を向上させることで同社の鉄道以外の事業（生活サービス事業）のさらなる成長を加速させる。

ＪＲ東日本は２０２１年４月にＪＲ東日本不動産投資顧問株式会社を新たに設立しており、今後、不動産投資運用事業を強めていく。同社はＪＲ東日本沿線を中心に不動産投資を行うファンドを組成し、運用していく会社で、ＪＲグループにおいて回転型ビジネスモデルを確固たるものにしていく役割を担う。２０２１年にＪＲ南新宿ビルが売却されたという報道があり、コロナ禍で不足した資金の調達のためだと思った人もいるだろうが、さらに先を行く展開であった。

ＪＲ東日本は２０２２年3月期決算で、「ポストコロナ社会における人々の行動や価値観の変容は、当社グループを取り巻く経営環境を大きくかつ急速に変化させ、鉄道をご利用になるお客さまは以前の水準には戻らないと考えています」と述べている。

この旨の発言は他社も同様に行っているが、鉄道会社が自らの口で、乗客はもうかつてのようには戻らないと口にするのは、なかなか勇気がいることではないだろうか。そのためらいのなさに、ポストコロナに向けての覚悟が見てとれる。

1世紀も前から大手私鉄は、線路を敷き、駅をつくり、そこに集まる人のためにマンションや商業施設をつくり、結果さらに人が集まり鉄道を利用することで利益を得るというビジネスモデルを続けてきた。

このビジネスモデルは阪急電鉄の創業者、小林一三がつくり上げたものだが、彼が目指したのは、便利で環境のよい住居で暮らし、買い物やレジャーを楽しんだりして、ゆとりある生活を送る——そうした理想のライフスタイルの創造であった。

ポストコロナにおける新たな〝理想のライフスタイル〟を実現するために街をつくり、人々の暮らしをつくることが鉄道会社の役目だと考えると、鉄道の乗客数を戻すことが主たる使命ではないだろう。各社、不動産業で勢いを取り戻すことは、沿線の人々の暮らしをつくるという点では果たすべき役目に沿っているといえる。

たとえば、東急電鉄は２０２３年4月に東急歌舞伎町タワーを開業する予定だ。地上48階、地下5階建てとなるこのビルにはエンタテイメント要素がふんだんにつめこまれ、「好きを極める場を創出」をコンセプトに掲げている。各社ともにポストコロナに向けて新たな事業を進めながら、利益の挽回が期待される。

鉄道運行においては、まず「ダイヤの最適化」が命題となる。鉄道会社のコスト削減と乗客の利便性の確保のために不可欠な要素だ。この点は都市部も地方も同様である。かつて、マルス（ＭＡＲＳ）と呼ばれるコンピュータシステムの登場で予約・発券業務の効率化に加え、特急や新幹線の需給予測が劇的に向上した。２０１５年より山手線で営業運転を開始したＥ２３５系には様々な情報制御装置が搭載されているが、これら装置の発展により在来線の需給予測が進化することも遠い未来ではないだろう。

一方で、地方においては街が元気でいるための最適解に「鉄道ダイヤの最適化」が欠かせない。自治体、住民、地域の企業、鉄道会社のどこかに極端な負担が出るダイヤであれば、それは街全体の最適解にはならないだろう。

おわりに

鉄道会社のターニングポイント
これからの鉄道会社の行く末

街は鉄道とともにつくられ、発展してきた。その街に住む人々が普通に生活を続けていくことで鉄道会社は利益を得てきた。

朝起きて、駅の改札を通り列車に乗って、会社や学校へ向かう。仕事や勉強が終われば、再び駅に向かい列車に乗って家路につく。そういう普通の生活を滞りなく続けていく役割を鉄道会社は担っていたのだ。

その〝普通〟の生活が一変する。会社や学校へ向かう機会が奪われる。

今から約55年前の国鉄時代、「役目を終えた」と名指しされ廃止に追い込まれた路線

が83線あるが、次に「役目を終えた」といわれるのは〝鉄道そのもの〟になるのではと
いう不安さえ漂うような、そんな閑散とした街の雰囲気が続いた。

しかし、やがて駅はにぎわいを見せるようになる。駅のにぎわいは街の活気に変わっ
ていく。それでも、高確率で座って帰宅できる状況に対して、いつまで経っても「今日
は空いているな」と独り言をつぶやいてしまう。

巨大な交通インフラを担う様子からあまりイメージできないが、鉄道は日銭商売であ
る。乗車するときは切符を買い、日々会社や学校に通うための定期券は前払いである。
日銭商売は手堅いといわれるが、それは普通の生活が続いてこそである。

投資の世界において鉄道会社の株は〝安定銘柄〟といわれていたが、経済のプロたち
も堅実な企業と認識していた。

鉄道が抱える根本的な問題は人口減少である。その問題が一足早く顕在化したのだ。

今は、次に来たる時代の変わり目に、私たちが自由に行きたいどこかへ行くために、
備えるべき準備のときなのである。

ダイヤ改正から読み解く
鉄道会社の苦悩

著者　鉄道ビジネス研究会

2023年2月25日　初版発行

鉄道ビジネス研究会
鉄道路線を中心に各種統計データなどを駆使して、鉄道がもたらす様々な効果効用を日夜研究している。属性としては「鉄ちゃん」でもあり、三度の飯より鉄道をこよなく愛する。「路線の格付け」は確かに存在するが、いかなる路線であってもそこに乗客がいる限り、それを愉しみ愛でる観点を忘れない。

発行者　横内正昭
編集人　内田克弥
発行所　株式会社ワニブックス
〒150-8482
東京都渋谷区恵比寿4-4-9えびす大黒ビル
電話　03-5449-2711（代表）
03-5449-2734（編集部）

装丁　小口翔平+嵩あかり（tobufune）
フォーマット　橋田浩志（アティック）
校正　東京出版サービスセンター
編集・DTP　ループスプロダクション
編集統括　大井隆義（ワニブックス）

印刷所　凸版印刷株式会社
製本所　ナショナル製本

ISBN 978-4-8470-6687-0
ワニブックス HP　http://www.wani.co.jp/
WANI BOOKOUT　http://www.wanibookout.com/
WANI BOOKS NewsCrunch　https://wanibooks-newscrunch.com/